EL PEQUEÑO LIBRO

DE LOS

CHAKRAS

EL PEQUEÑO LIBRO

DE LOS

CHAKRAS

UNA INTRODUCCIÓN
A LA ENERGÍA CURATIVA

AMY LEIGH
CHAD MERCREE

edaf

MADRID - MÉXICO - BUENOS AIRES - SANTIAGO
2023

Título original: *A Little bit of Chakras,* por Amy Leigh y Chad Mercree
© 2016. Amy Leigh. Chad Mercree
© 2023. De la traducción, José Antonio Álvaro Garrido
© 2023. De esta edición, Editorial Edaf, S.L.U., Jorge Juan, 68 — 28009 Madrid, por acuerdo con Sterling Publishing Co., Inc., publicado por primera vez por Sterling Ethos, una división de Sterling Publishing Co., Inc., 33 East 17th Street, New York, NY, USA, 10003, representados por UTE Körner Literary Agent, S.L.U., c/ Arago 224, pral 2.ª, 08011 Barcelona

Diseño de cubierta: © Sterling Publishing Co., Inc., adaptada por Diseño y Control Gráfico
Maquetación y diseño de interior: Adaptada del original por Diseño y Control Gráfico, S.L.

Editorial Edaf, S.L.U.
Jorge Juan, 68
28009 Madrid, España
Telf.: (34) 91 435 82 60
www.edaf.net
edaf@edaf.net

Ediciones Algaba, S.A. de C.V.
Calle 21, Poniente 3323 - Entre la 33 sur y la 35 sur
Colonia Belisario Domínguez
Puebla 72180, México
Telf.: 52 22 22 11 13 87
jaime.breton@edaf.com.mx

Edaf del Plata, S.A.
Chile, 2222
1227 Buenos Aires (Argentina)
edafadmi@gmail.com

Edaf Chile, S.A.
Huérfanos 1178 - Oficina 501
Santiago - Chile
Telf: +56 9 4468 05 39/+56 9 4468 0597
comercialedafchile@edafchile.cl

Junio de 2023

ISBN: 978-84-414-4243-6

Depósito legal: M-16277-2023

CONTENIDO

INTRODUCCIÓN: ¿QUÉ SON LOS CHAKRAS?

El pequeño libro de los chakras te introduce en el místico mundo de los chakras, que son ruedas de energía giratoria situadas en zonas específicas del cuerpo. Los chakras son concentraciones de fuerza vital, ubicadas en el interior del cuerpo, que se forman cuando las líneas de energía que recorren el cuerpo se superponen y se cruzan. A lo largo de miles de años, los místicos han trabajado y estudiado los chakras, y los han incorporado a una amplia variedad de prácticas espirituales. Trabajar de manera positiva con la energía de los chakras se ha relacionado con el aumento de la esperanza de vida, la salud física, mental y emocional, y el bienestar personal en general.

La información contradictoria que existe sobre el número, la ubicación y la finalidad de los chakras dificulta la elaboración de una guía completa. Este libro se centra en la visión occidental de los chakras, que es la que se encuentra recogida en la literatura contemporánea de la Nueva Era, en contraposición a las perspectivas místicas orientales tradicionales.

Por lo tanto, nos centraremos en los siete chakras primarios, que van desde la base de la columna vertebral hasta la parte superior de la cabeza, aunque también dedicaremos un capítulo complementario a algunos de los chakras adicionales, sobre los que se ha escrito en los últimos dos mil años.

Cada chakra está relacionado con órganos del cuerpo, las actitudes emocionales y mentales, la salud física o la enfermedad, los colores, los sonidos, las capacidades psíquicas y muchos otros aspectos. Algunas de estas asociaciones son simbólicas, otras se basan en fórmulas matemáticas y algunas en la opinión personal de practicantes espirituales de reconocido prestigio. En el movimiento Nueva Era está muy extendida la creencia de que la energía y la conciencia son una misma cosa y, en este sentido, la energía de los chakras también contiene aspectos relacionados con nuestra conciencia. Los yoguis y los místicos han descubierto muchas formas de trabajar con estos centros de conciencia, y compartiremos aquí algunos ejercicios y meditaciones para ayudarte a conectar a nivel personal con al menos siete de tus chakras.

Los chakras forman parte de un campo aural humano mucho más amplio. El aura es un campo dinámico de energía que rodea e impregna el cuerpo humano. Está en constante movimiento, como una nube pulsante, y su calidad, color y vibraciones cambian de un momento a otro, de un pensamiento a otro, de un sentimiento a otro. Los psíquicos creen que nos conectamos espiritualmente con otras personas, con el mundo que nos rodea y con todo el universo a través de nuestro cuerpo energético, que es el aura. El cuerpo físico es tan solo el aspecto más denso de nuestro ser terrenal. El aura representa mejor quiénes somos en realidad y los chakras constituyen una parte importante de nuestras auras, porque conectan nuestros campos físico y aural. Los chakras son puntos concentrados de energía dentro de nosotros y, cuando están sanos, la energía vital fluye a través de ellos sin obstáculos. Cuando tal cosa ocurre, sus colores son brillantes y claros. Lo contrario ocurre cuando existen desequilibrios energéticos: sus colores son más densos, oscuros y apagados. A menudo, cuando los psíquicos «leen» a las personas, sintonizan con la calidad de la energía que detectan en nuestros campos aurales, incluidos los chakras. Al igual que los médicos creen que almacenamos los recuerdos de manera física en nuestro cerebro, aunque el mecanismo exacto aún no se ha descubierto, los psíquicos creen que almacenamos los recuerdos de manera espiritual en nuestro campo aural. Los psíquicos pueden «ver» recuerdos, estados emocionales y vidas pasadas, y en realidad toda clase de información en nuestros campos aurales y chakras.

Tal como leerás en el capítulo 2, *La historia de los chakras*, el concepto de chakra existe desde hace más de dos mil años en la India y, durante miles de años, los taoístas chinos movieron su *chi*, o fuerza vital, a través de varias «estaciones» que se corresponden más o menos con el concepto de chakra hindú. Ambos sistemas utilizaban la visualización para llevar la conciencia humana a estos puntos de energía que se encuentran dentro del cuerpo, normalmente durante periodos de meditación. Gracias a los registros escritos, podemos ver el descubrimiento y las percepciones cambiantes sobre los chakras y el campo energético más amplio que rodea a los humanos, el aura, a lo largo de miles de años de historia de la humanidad.

Entre el nacimiento, tanto de la filosofía Upanishad india y de la filosofía taoísta china, y el movimiento Nueva Era actual, el concepto de chakra ha cambiado de manera drástica. Diferentes religiones, así como sectas dentro de diversas religiones, y filósofos y místicos de todo el mundo describen los chakras de forma diferente, y no existe un consenso sobre lo que son y ni siquiera dónde se encuentran. Sin embargo, con el paso del tiempo, las ideas sobre los chakras han pasado de ser una visualización abstracta a convertirse en una parte viva, activa e integral de la conciencia humana. Este libro comparte los contemporáneos puntos de vista occidentales sobre los chakras, que los conciben como centros de energía que influyen en la curación y el bienestar físico, emocional y espiritual.

El pequeño libro de los chakras discurre de manera secuencial, de un chakra al siguiente, ascendiendo por el cuerpo desde la base de la columna vertebral hasta la parte superior de la cabeza. Reconocemos siete chakras principales en el cuerpo, aunque también se acepta la existencia de muchos chakras «menores». Los capítulos 3 a 9 están dedicados a cada uno de los siete chakras: raíz, sacro, plexo solar, corazón, garganta, tercer ojo y corona. Cada chakra se asocia con determinados colores, órganos, estados emocionales y físicos, elementos, sonidos y otras cosas. Algunas personas consideran que los chakras son conceptos clave para alcanzar niveles avanzados de desarrollo espiritual, como, por ejemplo, en algunos tipos de kundalini yoga. Cada capítulo sobre los chakras incluye ejercicios y meditaciones para ayudarte a conectar y trabajar con la energía y la cualidad de un centro energético concreto. Una vez que se aprende a trabajar con las energías de cada chakra, es posible incorporar el trabajo con los mismos a cualquier práctica espiritual.

El capítulo 10 explora el intrigante reino de los chakras adicionales, más allá de los siete principales. La ubicación, la importancia, la forma y la función de estos chakras adicionales varían de una tradición a otra y este libro se centrará en algunos de los más comúnmente reconocidos. Al igual que ocurre con los siete tradicionales, puedes aprender a conectar con estos centros de energía adicionales y trabajar con ellos para lograr una curación más profunda, la sabiduría y el despertar espiritual.

Gracias al pequeño movimiento de la Nueva Era, de finales del siglo XIX y principios del XX, los conceptos espirituales de Oriente continúan llegando a Occidente desde hace más de cien años. Personas de toda condición y credo espiritual han incorporado las filosofías orientales a sus vidas.

Esperamos que disfrutes de *El pequeño libro de los chakras*. El mundo de los chakras tiene un pasado colorista que ha contribuido enormemente al bienestar espiritual, físico, emocional y mental de miles y miles de buscadores espirituales. Deseamos que ocurra lo mismo contigo.

1

¿CÓMO USAR ESTE LIBRO?

TRABAJAR CON LOS CHAKRAS Y CON EL CAMPO ENER-
gético mayor humano puede causar un efecto positivo en la
salud y el bienestar. También es una forma estupenda de ponerte
en contacto con tu espiritualidad personal. *El pequeño libro de los chakras*
te familiariza con la ubicación de los chakras en el cuerpo humano y con
cómo conectar con ellos a través de meditaciones guiadas, bastante fáciles
de seguir.

Si tienes alguna duda sobre la meditación o el trabajo energético, consulta a un médico antes de probar cualquiera de las prácticas contenidas en
este libro. Si en algún momento te sientes incómodo física, mental o emocionalmente, consulta a tu médico en busca de consejo.

Tradicionalmente, el trabajo energético espiritual se realizaba bajo la
guía de un maestro experimentado. El independiente a ultranza Occidente
está repleto de muchos partidarios del «hágalo usted mismo» y, si tú estás
entre ellos, por favor, procede despacio y, si en algún momento, te encuentras

con obstáculos, acude a un maestro espiritual para que te guíe. En los últimos miles de años, millones de personas han descubierto los efectos positivos para la salud de la práctica del kundalini yoga y de la meditación en general, y todas las prácticas de este libro se sitúan en el lado más suave del espectro de la meditación.

Sin embargo, *El pequeño libro de los chakras* es solo la punta del iceberg en lo que se refiere a la filosofía hindú y de la Nueva Era y, en los breves capítulos que siguen, no tendremos espacio para compartir una amplia panorámica de las filosofías antiguas al completo que están en la raíz de la energía de los chakras. Esta es una guía entretenida y educativa que esperamos te inspire a embarcarte en un descubrimiento espiritual más profundo.

Se trata de una introducción al mundo de los chakras y a la forma de trabajar con ellos. No es necesario que leas los capítulos de forma secuencial. Elige un chakra que te interese, y sigue la meditación y el ejercicio de ese capítulo en particular. Puedes repetir tales meditaciones y ejercicios tantas veces como quieras, hasta que consigas los resultados positivos que deseas.

Te recomendamos que dediques entre treinta y sesenta minutos a completar los ejercicios de cada capítulo, y lo mejor es que practiques en un lugar tranquilo y cómodo donde no te distraigas.

Ponte ropa cómoda y elige un lugar para sentarte o tumbarte que te ayude a mantener el cuerpo relajado durante todo el ejercicio. Los ejercicios pueden hacerse a cualquier hora del día o de la noche y si te quedas dormido mientras meditas, tampoco pasa nada. Solo significa que necesitabas descansar.

Al final de *El pequeño libro de los chakras* hay una lista de increíbles recursos adicionales que te encarrilarán en la dirección correcta, si deseas aprender más sobre los chakras desde la antigüedad hasta nuestros días. Todo lo que se menciona en estas páginas puede encontrarse en la sección *Bibliografía*, desde libros y manuscritos hasta sitios web.

2

LA HISTORIA DE LOS CHAKRAS

¿QUÉ SON EN REALIDAD LOS CHAKRAS Y POR QUÉ DEBE-
mos procurar entenderlos? Para responder a tal pregunta, hemos
de entender cuál era la visión del mundo de los antiguos hindúes.
Los chakras forman parte de una filosofía mucho más amplia sobre la composición del universo y el lugar de la humanidad en la jerarquía espiritual
universal. Si no se contextualizan, los chakras pueden parecer una moda más
de la Nueva Era, cuando en realidad son cualquier cosa menos eso.

La idea de los chakras se desarrolló en la antigua India y forma parte
de una filosofía y práctica espiritual más amplia llamada kundalini yoga.
El kundalini yoga se hizo popular en la antigua India en una época en la que
el sistema sacerdotal védico hindú, basado en rituales y sacrificios de animales,
perdió el favor de las masas. Mucha gente buscaba una vida espiritual más
personal y pasaba los mejores años de su vida en meditación y búsquedas
espirituales solitarias. Los místicos desarrollaron varios sistemas de yoga y filosofía para reflejar sus descubrimientos espirituales.

En general, los seguidores del kundalini yoga creen que la práctica es especialmente eficaz durante este ciclo de la existencia humana, el *Kali Yuga,* que se traduce, de manera aproximada, como «edad oscura». Durante este tiempo, se cree que es excepcionalmente difícil alcanzar la iluminación, y que la confusión y el materialismo seguirán siendo obstáculos para el desarrollo humano. Los métodos del kundalini yoga superan estos obstáculos esencialmente espiritualizando el cuerpo humano, y crean un cuerpo de luz dentro del cuerpo físico.

Se tarda años en dominar la kundalini y es un camino muy difícil de seguir. Kundalini hace alusión a una energía vital que yace latente en la base de la columna vertebral humana. El kundalini yoga incluye prácticas para despertar esta energía y enviarla a través del cuerpo hacia la coronilla, antes de volver a bajarla a la columna vertebral, en un bucle energético completo.

Por el camino, la energía kundalini asciende a través de varios centros energéticos del cuerpo. Estos centros se denominan chakras, y su número, calidad y ubicación varían de un maestro a otro. Una vez que se despiertan los chakras, se cree que sus efectos transformadores en el cuerpo humano contribuirán a la salud, la longevidad, la claridad mental, etc. Así que, en términos tradicionales, no se puede hablar de chakras sin hablar del kundalini yoga.

La sabiduría espiritual india se transmitió oralmente, de maestros a alumnos durante cientos, quizá miles de años, antes de que la plasmasen por escrito. Los primeros registros escritos sobre filosofía mística india, que incluían conceptos acerca de la kundalini yoga y muchas otras cosas, aparecieron aproximadamente entre 600 y 800 a. C., hace unos 2.700 años.

En la actualidad, apenas sobreviven unos doscientos de tales documentos, y solo unos pocos de ellos están considerados obras importantes de interés. Esos doscientos documentos no se consideran un conjunto. Pertenecen a un cuerpo de texto, tal como ocurre con los diversos libros de la Biblia. Cada obra tiene su propia perspectiva, pero colectivamente se han recopilado en un corpus literario llamado los *Upanishads.*

Upanishad deriva de las palabras sánscritas *upa* (próximo) y *nishad* (sentado), y se traduce de forma aproximada como «a los pies del maestro». Las obras recopiladas de los *Upanishads* eran herramientas expuestas por un maestro experto a su alumno, más que una guía independiente. Los primeros *Upanishads* expresan ideas sobre la reencarnación, el karma y la iluminación, y los posteriores, escritos entre los siglos II a. C. y II d. C., mencionan los conceptos de chakras, mantras y yoga tántrico.

Los *Upanishads* mencionan dos fuerzas espirituales clave: Brahman y Atman. Brahman es la fuerza causal subyacente, no manifiesta, de la realidad. La energía Brahman crea todo en cada universo, pero existe fuera del tiempo y el espacio. Atman es la fuerza vital, la verdadera esencia subyacente, en el interior de cada ser vivo. A través de la meditación podemos conectar con nuestra esencia Atman. El objetivo hindú de la iluminación, *moksha*, es mantener una conexión con Atman de tal manera que volvamos a nuestra fuente Atman y así trascendamos la muerte y la reencarnación. Esto es posible porque, en realidad, Atman y Brahman son la misma esencia, y volver a Atman es volver a Brahman, más allá de todos nuestros conceptos mentales sobre la realidad.

La energía Atman fluye por el cuerpo humano, a lo largo de líneas específicas de energía llamadas *nadis*, que son como venas de energía que fluyen por los seres vivos. Es similar al concepto de meridianos energéticos de la medicina tradicional china. En distintos lugares, estas líneas de energía se cruzan entre ellas, en determinados puntos del cuerpo, y algunos de estos cruces hacen que las líneas *nadi* se plieguen y entrelacen varias veces para formar nudos de energía. Tales nudos son los chakras.

La meditación calmaba la mente, el cuerpo y las emociones, y permitía a los místicos sentir la fuerza vital Atman fluir a través de ellos. La energía *nadi* fluye a través del *prana*, la respiración, por el cuerpo, siguiendo un patrón complejo de flujo, pero toda esta energía converge en el corazón, que se cree que es el centro de la conciencia. Algunos textos describen setenta y dos mil líneas nadi que convergen en el centro del corazón; otros mencionan varios cientos de miles.

Diversos textos yóguicos describen los chakras como herramientas de visualización, utilizadas por los yoguis tántricos en su búsqueda del despertar espiritual y en este caso no se creía necesariamente que los chakras fueran independientes de sus visualizaciones. Los yoguis creaban los chakras, mediante sus visualizaciones, como una forma de almacenar energía espiritual, para utilizarla en el transcurso de prácticas espirituales más avanzadas. Se creía que almacenar energía vital era un requisito para alcanzar la iluminación, y los estudiantes pasaban toda una vida aprendiendo a ser capaces de retener suficiente energía para iluminarse. Muchos otros yoguis creen que los chakras existen, pase lo que pase, y los han visto psíquicamente como viviente energía luminosa.

En el siglo II a. C. esos haces retorcidos y plegados de *nadis* fueron reconocidos como centros energéticos distintos llamados chakras. En sánscrito, la lengua escrita de la antigua India, *chakra* significa «rueda» y describía la forma en la que los veían los místicos, que también describían como los pétalos de una flor; algunos chakras tenían dos pétalos y otros un número infinito. Sobre los chakras había muchas descripciones contradictorias y esa tendencia continúa hasta nuestros días. La ubicación, el color, el tamaño, la calidad y la finalidad de los chakras varían de una filosofía a otra y de un místico a otro.

El budismo tántrico es una práctica budista tibetana que procede del tantra indio. Los budistas tienen una visión diferente del número, la ubicación y la composición de los chakras en el cuerpo. Otras tradiciones, incluidas variantes de yogas como el laya y el kundalini, así como la religión decimonónica de Radha Soami, por citar solo algunas, han dado su propia vuelta de tuerca a los chakras y al desarrollo espiritual energético, en los últimos dos mil años.

Incluso a día de hoy, en la filosofía india no hay consenso sobre por dónde fluyen los *nadis* a través del cuerpo, cuántas veces se retuercen las líneas de los *nadis* para formar los puntos chakra, ni dónde pueden encontrarse estos puntos en el cuerpo. El sistema de chakras del gurú de principios del siglo XX, Sri Aurobindo, reconocía siete chakras, pero su importancia y significado eran privativos de sus enseñanzas. Sin embargo, existe una aceptación universal de la importancia de los chakras para nuestro bienestar físico y espiritual y, a lo largo de milenios, la comprensión tradicional de los chakras y los campos energéticos humanos sigue evolucionando.

Con el paso del tiempo, el panorama religioso de la India siguió diversificándose. En el subcontinente indio, el budismo y el jainismo surgieron sobre los cimientos de la religión y la filosofía hindúes. Ambas nuevas religiones abrazaron el desarrollo espiritual personal y el concepto de los chakras, junto con las tradiciones místicas de sus antecesores, incluidas las creencias en el karma, la reencarnación y la iluminación, que siguieron siendo importantes. Y, con el tiempo, muchas tradiciones espirituales orientales llegaron a Occidente, sobre todo a partir del siglo XIX.

En los siglos XIX y XX varios autores y personalidades influyentes conformaron la visión occidental de la religión y el misticismo orientales. Estos puntos de vista han resistido la prueba del tiempo y fueron la fuente del movimiento de la Nueva Era y la espiritualidad pop moderna, y es a partir de tales puntos de vista que se deriva gran parte de la información en este libro. Las opiniones de esos autores sobre los chakras, más que ninguna otra, conformaron con firmeza las bases que se encuentran en las filosofías de la Nueva Era.

En 1875 Helena Blavatsky creó la Sociedad Teosófica, y varios de sus miembros fundadores —sobre todo Annie Besant, Charles Leadbeater y Henry Olcott— escribieron libros sobre temas metafísicos que abarcaban desde la cuestión de los Maestros Ascendidos y los siete rayos hasta la clarividencia y la magia. Blavatsky afirmaba que algunas de sus enseñanzas le fueron impartidas por Maestros Ascendidos, los Mahatmas o la Gran Hermandad Blanca, que vivían en un lugar oculto en el Tíbet. Como grupo, la Sociedad Teosófica promovió antiguas creencias en el poder del número siete y las aplicó a una serie de conceptos metafísicos, donde estaban incluidos los chakras.

En 1927 Charles Leadbeater publicó el libro *Los chakras* y, muy en la línea de pureza teosófica, reconoció siete chakras. Los describió por lo general como multicolores y de diversos grados de complejidad. Esto concordaba con la visión yóguica de los chakras. Sin embargo, la ubicación y el significado de los siete chakras, así como sus colores, difieren de la visión contemporánea.

Madame Blavatsky afirmaba haber viajado mucho por la India y otros lugares considerados remotos para los estándares europeos del siglo XIX, y afirmaba haber estudiado con maestros físicos y espirituales. Las ideas modernas de la Nueva Era sobre los Maestros Ascendidos y los poderes mágicos de los arcángeles se remontan a las enseñanzas de la Sociedad Teosófica. En relación con los chakras, sus puntos de vista sobre la ubicación y el significado de cada chakra han venido influyendo en la cultura pop occidental hasta nuestros días.

La otra gran influencia en la comprensión de los chakras, en lo que al mundo occidental se refiere, fue *sir* John George Woodroffe (también conocido como Arthur Avalon), cuyo revolucionario libro *El poder de la serpiente: los secretos del yoga tántrico y sháttmico*, publicado en 1919, introdujo en Occidente el kundalini yoga, los chakras y las enseñanzas tántricas. *El poder de la serpiente* se basaba en traducciones de dos textos de yoga tántrico: *Descripción de los seis chakras* y *El escabel quíntuple*, de Swami Purnananda, de 1526 d. C.

A diferencia de los de la Sociedad Teosófica, el trabajo de Woodroffe era erudito y muy técnico, y todavía se le reconoce como una sólida contribución a la comprensión occidental de las tradiciones orientales. Por esa época aparecieron otras publicaciones, como el sistema de *chakras según Gorakshanatha* en 1923, que enumera treinta y un chakras principales en una gama de colores, incluido el «humeante».

Nuestro concepto contemporáneo sobre que los siete chakras se corresponden a los siete colores del arcoíris se remonta a Christopher Hills, cuyo libro de 1977, *Evolución nuclear: el descubrimiento del cuerpo arcoíris,* tuvo una influencia profunda, aunque ya olvidada, en el movimiento de la Nueva Era. Su libro entraba en detalles sobre los pormenores de cada chakra, pero ninguno de ellos impactó gran cosa entre los lectores. Sin embargo, la llamativa asociación de los siete chakras con los siete colores del arcoíris sí que dejó una huella fuerte.

Casi diez años más tarde, en 1988, el libro de Barbara Ann Brennan, *Manos de luz,* adoptó un enfoque científico de los chakras y presentó a los lectores los chakras como vórtices giratorios de energía que surgen en la parte delantera y trasera del cuerpo humano. Estos vórtices conectan con las fuerzas cósmicas, y ella misma utilizó ampliamente este concepto en su práctica curativa. Describió vórtices de chakras en muchas partes del cuerpo, como, por ejemplo, las manos, los pies y la mayoría de las articulaciones. Tanto el enfoque de Barbara Ann Brennan como el de Christopher Hills sobre los chakras parecen haber estado influidos por los de los teósofos y, en el siglo XXI, las opiniones sobre los cómos y los porqués de los chakras siguen evolucionando.

Al final, la influencia de los teósofos fue la que más caló en la comprensión occidental de los chakras y, casi cien años después, sus obras recopiladas inspiran sin cesar a los autores contemporáneos de la Nueva Era. Quizá a medida que se preste más atención a estos centros energéticos del cuerpo humano, surjan nuevas ideas sobre su función y propósito. Todos tenemos la oportunidad de desarrollar un conocimiento personal sobre nuestros propios chakras; puede que te sorprenda lo fácil que es sentirlos. Con la práctica, puedes llegar a ver, sentir y trabajar con estos y otros centros energéticos de su cuerpo, de una forma transformadora.

Desde el origen de los chakras como visualizaciones hasta la visión que tuvo Barbara Brennan de ellos como vórtices tridimensionales giratorios de luz, nuestras ideas y creencias sobre los chakras han cambiado drásticamente en los últimos dos mil años, y probablemente seguirán evolucionando y desarrollándose en el futuro.

3

MULADHARA.
EL CHAKRA RAÍZ

E N SÁNSCRITO, LA PALABRA *MULADHARA* SIGNIFICA
«apoyo raíz», y el chakra raíz está ubicado en la base de la columna
vertebral. La mayoría de las tradiciones lo describen como de
color rojo. Algunas personas ven las tonalidades de rojo como cereza brillante y otras más en el extremo granate del espectro. Parte de la percepción del color de un chakra está relacionado con su luminosidad: cuanto más
claro y brillante, mejor. Puesto que los chakras están hechos de energía, queremos que tal luz sea clara, luminosa y no turbia o tenue.

En la tradición tántrica, tiene cuatro pétalos de color rojo intenso.

Muladhara rige la supervivencia, la seguridad y tu discurrir por el mundo. Este chakra tiene que ver con el apoyo. Sostiene el resto del cuerpo físico
porque se encuentra en la base de la columna vertebral. Se relaciona con
lo apoyado que te sientes en este mundo, en lo que a lo material respec-
ta. Un chakra raíz sano y despejado aportará vitalidad a tus pies y piernas.
La energía que fluye por esa zona será fuerte y rica.

Cuando está en equilibrio, muladhara rezuma seguridad, quietud y estabilidad. Te ayuda a sentirte seguro en el mundo y convencido de que tus necesidades serán satisfechas, especialmente tus necesidades físicas básicas, tales como la de refugio, comida, agua, sueño, ropa y comodidad material. Debido a nuestra necesidad de estabilidad y seguridad en este mundo, todos buscamos la fuerza en el chakra raíz.

La gravedad es la fuerza más influyente de este chakra. En esencia, afirma los pies al suelo con suavidad y sin esfuerzo. Hallarse «enraizado» es un término que puede que hayas oído referirse al chakra raíz. Tener los pies en la tierra significa que estás arraigado y presente en tu cuerpo y en el planeta.

El cuerpo y la presencia son fundamentales para la salud y la felicidad. Lo ideal es que el cuerpo se sienta enraizado y presente. Esta sensación proviene de la seguridad del chakra raíz. La fuerza y el equilibrio del chakra raíz allanan el camino hacia una vida estable y segura.

EJERCICIO: MEDITACIÓN PARA CONECTAR CON TU CHAKRA RAÍZ

Conectar más profundamente con tu chakra raíz te ayudará a desarrollar una mayor conciencia del mismo, así como de todos tus chakras restantes. Te despertará a los vórtices de luz que giran en tu interior y te ayudará a aprovechar su poder. Sentir tu chakra raíz vivificará tu ser y te ayudará a sentirte más presente en este mundo.

Elige un lugar tranquilo y silencioso donde no te molesten durante unos quince minutos. Ponte lo más cómodo posible. Puedes sentarte o tumbarte, pero elige una postura en la que sea relativamente improbable que te quedes dormido. Si te quedas dormido durante esta práctica, no pasa nada. Simplemente significa que tu cuerpo quería profundizar y abrir más un manantial de sanación dentro de ti, y que funcionaría mejor con tu mente consciente fuera de escena durante un rato.

Cierra los ojos y escucha tu respiración. Mientras escuchas el aire que entra y sale de tu boca, empieza a permitir que cada respiración sea más profunda y lenta. Siente cómo tu cuerpo empieza a relajarse y a sumergirse más profundamente en el flujo de tu respiración y en la serenidad del momento.

Ahora, imagina la versión más clara, ligera y brillante del color rojo que puedas imaginar. Imagina este color hecho de rayos o partículas de luz. Permite que este rojo resplandezca en tu visión interior. Mantente centrado en el color y permítete fundirte suavemente en él cada vez más.

Ahora, coloca tus manos en la parte más baja de tu abdomen o incluso en tus nalgas. Siente cómo tus manos se conectan con tu chakra raíz y contempla el hermoso color rojo que estabas observando en tu propio chakra raíz. Siéntelo pulsar allí.

Ahora, repite en voz alta el mantra clave asociado con el chakra raíz, «Lam». Pronuncia tal palabra mientras sientes tus manos conectadas a la energía en movimiento del chakra dentro de ti. Repite «Lam» y continúa sumergiéndote en la conciencia de tu chakra raíz.

Repite el mantra y este proceso todo el tiempo que quieras. Cuando sientas que se ha completado, lleva tu conciencia de nuevo a la habitación y frótate enérgicamente las manos, los pies, las piernas y los brazos mientras dices: «Ahora estoy aquí. Estoy presente». Asegúrate de sentirte completamente de vuelta a ti mismo antes de continuar con tu día. Beber agua puede ayudarte en este proceso.

Cada uno de los chakras está asociado a una o varias glándulas endocrinas. El chakra raíz gobierna las glándulas suprarrenales, que están situadas encima de los riñones y entran en acción cuando se experimenta una reacción de lucha o huida. Bombean adrenalina en situaciones de crisis.

Un tipo de disfunción endocrina que a veces se asocia con las glándulas suprarrenales y su mal funcionamiento y/o hiperactividad es la fatiga suprarrenal. En la vida moderna, aunque rara vez se está en peligro físico inmediato, las glándulas suprarrenales pueden malinterpretar el estrés emocional y mental y reaccionar como si se estuviera en peligro mortal. La meditación y la relajación son un remedio para la mente y el cuerpo.

Las partes del cuerpo asociadas con el chakra raíz son los pies, las piernas, el perineo, el plexo coccígeo, el recto y el intestino grueso. Algunos posibles signos físicos de disfunción del chakra raíz son las hemorroides, los problemas intestinales (estreñimiento y diarrea), la ciática y el dolor de rodilla y la zona lumbar. Entre las disfunciones emocionales, mentales o espirituales de este chakra se incluyen la identificación excesiva con las posesiones materiales, el acaparamiento de vituallas, la falta de conexión a tierra o el miedo excesivo o irracional.

Para promover la salud y la vitalidad en estas zonas puedes tomar visualmente tonos claros y brillantes de rojo, especialmente si sientes que el chakra está poco activo o no tiene suficiente chi o energía fluyendo en su interior. Este chakra se asocia específicamente con la Tierra y el suelo, por lo que una de las cosas más saludables que puede uno hacer por él es caminar al aire libre con los pies descalzos. En segundo lugar, estar al aire libre. Tumbarse en un parque, un prado o en la playa y estar cerca de la Tierra fortalecerá este chakra y también puede equilibrar las glándulas suprarrenales.

Cuando pienses en la salud de tu chakra raíz, piensa en tus cimientos y en cómo son la base de todo en tu vida. Imagina que tus creencias más profundas y tus pensamientos y sentimientos fundamentales estuvieran alineados con la energía más sana posible. Imagina que tus necesidades y tu seguridad personal estuvieran completamente satisfechas. Esto es lo que potencia la energía del chakra raíz.

Si la energía de tu chakra raíz está en equilibrio, te sentirás seguro conduciendo un coche. Te sentirás abastecido en cuanto a tus necesidades materiales. Te sentirás como si estuvieras de pie sobre la Tierra con firmeza y fuerza mientras caminas por tu vida. Tu chakra raíz es una fuente de fuerza en el mundo terrenal. Enraízate en el presente. Enraízate en tu vida. Enraízate en el mundo. Estate aquí, ahora.

EJERCICIO: ACTIVIDAD PARA CONECTAR CON TU CHAKRA RAÍZ

Tu chakra raíz está relacionado con estar presente en la vida y sentirse enraizado. Utiliza con frecuencia el siguiente proceso de meditación para ponerte en contacto con las raíces que te unen al planeta, que te nutren y te sostienen. Léelo en voz alta o en silencio, para tu interior, o grábalo para reproducirlo, si te resulta más fácil. Siéntate o túmbate para hacer este ejercicio. Puedes hacerlo en el interior o al aire libre, en un espacio seguro y tranquilo para relajarte y experimentar.

Pon tu atención en las plantas de tus pies. Siente cómo crecen raíces de cada uno de tus pies y de tu coxis; envíalas a la Tierra. Pueden combinarse en una gran raíz o mantenerse como dos o tres raíces separadas. Todas estas variaciones están bien, y no tienes que saber cuál de ellas está ocurriendo en este momento.

Siente cómo estas raíces crecen más y más profundamente a través del suelo y la tierra, a través de la capa matriz de roca y piedra, a través de acuíferos llenos de agua. Continúa haciendo crecer tus raíces a través del magma del manto del planeta. Finalmente, hazlas llegar hasta el núcleo de la Tierra. Siéntete absorbido por ese núcleo interno del planeta. Firmes. Estables. Fuertes. Enraizados.

Siente la energía y la vibración de la Tierra fluyendo por tus raíces hasta tus pies y tu coxis. Siente cómo laten en tu interior. Escucha el latido interno del planeta. Escúchalo batir como un tambor amable. Fúndete con ese sonido interdimensional.

Experimenta una profunda comunión con la Tierra. Siente cómo su amor por ti se expande por cada célula de tu cuerpo. Todo está en orden entre tú y tu madre, la Tierra. Ella dispone de una fuerza infinita y comparte ese manantial de estabilidad y fortaleza contigo, su hijo. Agradece a la Tierra este enorme regalo.

Permite que tu conciencia vuelva a la habitación o zona en la que estás sentado o tumbado. Siente todo cuanto toca tu cuerpo: la silla, la cama, el suelo. Mueve los dedos de los pies y de las manos.

Con la conciencia del todo en el presente y los ojos abiertos, siente cómo tu(s) raíz(es) palpita(n) debajo de ti. Mantén tal conciencia todo el tiempo que puedas. Camina sin dejar de sentir tus raíces.

Pon tu atención en las plantas de los pies. Experimenta lo que se siente al estar plenamente presente y enraizado en el momento, en el AHORA.

AFIRMACIÓN DEL CHAKRA RAÍZ

«ESTOY ARRAIGADO Y PRESENTE EN MI VIDA»

4

SVADHISHTHANA. EL CHAKRA SACRO

EN SÁNSCRITO, LA PALABRA *SVADHISHTHANA* SIGNIFICA «dulzura». El chakra sacro está situado en el bajo vientre y el útero. Por lo general, se considera que es de color naranja. Algunas personas lo describen de un naranja claro y vivo, como el color de la fruta. Algunos se lo imaginan un poco más claro o dorado. Cuanto más claro percibas el chakra, más sano estará. Queremos que tus chakras sean luminosos, claros y llenos de luz, que significa que la energía fluye y está equilibrada. Para desbloquear la energía de tus chakras, concéntrate en llenarlos de luz y soltar cualquier densidad del pasado que puedas tener en ellos.

Las tradiciones tántricas creen que este chakra tiene seis pétalos de color rojo bermellón. En este capítulo, trabajaremos a partir de la teoría occidental de los chakras, en la que el chakra es naranja.

Svadhishthana rige el placer, el deseo, la sexualidad, la sensualidad y la procreación. Se trata de la dulzura de la vida y de sentirse bien. Este chakra anima tu bagaje en el mundo al involucrar tus sentidos y las emociones. Se trata de un chakra complicado, rico y, cuando está en equilibrio, gratificante. Un chakra sacro sano y vibrante te ayudará a disfrutar de la vida al máximo. Aporta vitalidad a través del placer y el disfrute, y puede ser una fuente de gran alegría.

Cuando se halla en equilibrio, Svadhishthana te da la capacidad de navegar el cambio y las polaridades de la vida. También está relacionado con el placer, el movimiento, las emociones, la sexualidad y la nutrición. Te ayuda a participar en la experiencia sensorial de la vida y a integrar esa energía en tus cuerpos sutiles. El impulso humano de procrear y estar cerca de una pareja amada forma parte de la danza del chakra sacro.

La atracción de los opuestos es la principal fuerza que influye en Svadhishthana. Puedes considerar esto como la atracción de opuestos en un sentido puramente fisiológico, entre hombres y mujeres, en cómo las áreas gobernadas por el chakra sacro están en oposición, en una manera que lleva a la procreación. Por eso este chakra es tu centro de energía creativa; es el lugar donde nace lo que quieres manifestar o compartir con el mundo.

Sentirse vivo y creativo es fundamental para llevar una vida feliz. Lo ideal es sentirse vital, vivo, creativo y experimentar a diario los placeres sensoriales de la vida (no solo los sexuales). Tales sentimientos emanan de un chakra sacro sano. La creatividad y la dulzura en el chakra sacro allanan el camino para llevar una vida de disfrute y bienestar.

EJERCICIO: MEDITACIÓN PARA CONECTAR CON TU CHAKRA SACRO

Una conexión más profunda con tu chakra sacro te ayudará a desarrollar tu conciencia, al tener más presentes todos tus chakras. Te será útil para fortalecer la energía de este chakra, lo que puede mejorar tu vida, al aportarte vitalidad y placer. Sentir la energía de tu chakra sacro te ayudará a participar de la dulzura de este mundo.

Elige un lugar tranquilo para hacer esta meditación, en el que no te distraigas durante unos quince minutos. Puedes sentarte o buscar un lugar cómodo para tumbarte. Si te quedas dormido durante la meditación, no pasa nada. Esto solo ocurrirá si tienes mucho sueño o si tu cuerpo quiere profundizar en la curación y la limpieza que estás experimentando y quiere sacar tu mente consciente del mundanal ruido durante unos minutos.

Relájate y siente el contacto de tu piel con tu ropa y la silla o el sofá que tienes debajo. Nota el aire sobre tu piel desnuda. ¿Se percibe fresco, cálido, reconfortante? Ahora empieza a prestar atención al aire que inhalas y exhalas. Observa cómo se desplaza por la boca y la tráquea. ¿Se percibe fresco, como una brisa? Sigue atento a tu respiración. Sumérgete en el sonido de su movimiento. Con cada inspiración, permite que tus músculos se relajen más y más, y siente cómo tu cuerpo se hunde en la silla o el sofá. Deja que cada exhalación libere más y más tensión.

Ahora, imagina una naranja preciosa, brillante y vibrante. Imagínatela hecha de partículas o rayos de luz, tú eliges. Observa cómo irradia esa naranja en la pantalla de tu visión interior.

Concéntrate en el color y déjate atraer por el mismo. Fúndete con él, centrando ahí tu atención. A continuación, coloca las manos en la parte inferior del abdomen. Siente cómo tus manos conectan con tu chakra sacro mientras sigues imaginando el precioso color naranja de ese chakra. Siente la energía naranja pulsando bajo tus manos, en el chakra.

A continuación, repite en voz alta el mantra básico asociado al chakra sacro, «Vam». Al pronunciar esa palabra, siente cómo tus manos conectan con la energía en movimiento del chakra, bajo tu piel. Repite «Vam» y sigue sintiéndote atraído por la percepción de tu chakra sacro.

Repite ese mantra todo el tiempo que quieras. Puedes hacer esta mediación con la frecuencia que desees para fortalecer este chakra en concreto. Cuando sientas que esta vez has terminado, vuelve a tomar conciencia de la habitación. Concéntrate en cada sensación y observa lo que te rodea. ¿Qué ves? ¿Qué hueles? ¿Qué oyes? ¿Qué sientes? Frótate los brazos y las piernas enérgicamente y fíjate en tus sensaciones físicas. Asegúrate de sentirte plenamente de vuelta a ti mismo antes de reanudar tu jornada. Bebe mucho agua para ayudar a integrar las energías reunidas.

Tu chakra sacro está asociado a tus ovarios o testículos. Este chakra rige sobre todo en estas glándulas endocrinas, que son las que fabrican hormonas. Los ovarios producen óvulos para ser fecundados y también producen estrógeno, progesterona y testosterona. Los testículos producen esperma y testosterona.

Si estas glándulas endocrinas no funcionan correctamente, pueden producirse impotencia, libido baja e infertilidad. En la vida moderna, estamos expuestos a innumerables sustancias químicas y xenoestrógenos (falsos estrógenos), que son sustancias que engañan al organismo haciéndole creer que son estrógenos. Las principales fuentes de xenoestrógenos son los productos tradicionales de limpieza del hogar, como la lejía, los productos químicos de limpieza en seco y los plásticos. Eliminar o reducir tu exposición a estas sustancias puede ayudar a tu organismo. Los tratamientos de cuerpo y mente para reforzar estas glándulas endocrinas incluyen la visualización guiada y la acupuntura.

Otras partes del cuerpo asociadas con el chakra sacro son el útero, los genitales, los riñones, la vejiga, el sistema circulatorio, la próstata y el plexo nervioso sacro. Algunos signos potenciales de disfunción del chakra sacro son problemas uterinos, de vejiga y de próstata, enfermedad renal, rigidez lumbar y anemia.

Las disfunciones emocionales, mentales y espirituales de este chakra incluyen la adicción al sexo, las emociones descontroladas o la falta de capacidad de control de las emociones.

Para fomentar la salud y la vitalidad en este chakra, puedes ver tonos claros y brillantes de naranja, sobre todo si sientes que el chakra está poco activo. También puedes vestirte con este color. Puedes llevar un naranja más suave, más melocotón, para fomentar la aceptación de la dulzura de la vida. Puesto que este chakra se asocia específicamente con los placeres sencillos de la vida, también puedes realizar cualquier actividad que te resulte saludablemente placentera.

EJERCICIO: ACTIVIDAD PARA CONECTAR CON TU CHAKRA SACRO

El chakra sacro está relacionado con la sensación de bienestar y el placer sensorial. También está asociado al elemento agua. Para esta actividad necesitarás sal marina y tiempo libre, así como una bañera o ducha.

Date un baño si tienes bañera. Si no, haz este mismo proceso de pie en la ducha. Métete y disfruta de la sensación del agua en tu piel. Fíjate en lo caliente que está.

Ahora, coge la sal marina y aplícatela en los brazos y las piernas a modo de exfoliante. Concéntrate en las sensaciones en tu piel. Observa si es agradable. ¿Es demasiado áspera? ¿O es tonificante? ¿Puedes conectar con tus sentidos? ¿Te gustaría añadir un aceite esencial de olor agradable a esta experiencia? ¿O beber un delicioso té y escuchar música relajante? Concéntrate en tus cinco sentidos y escucha a tu cuerpo.

Esa es la esencia de un chakra sacro sano: estar presente en el placer sensorial que experimenta tu cuerpo. Sintoniza con estas sensaciones y siente cómo se fortalece tu chakra sacro.

AFIRMACIÓN PARA
EL CHAKRA SACRO

«SIENTO PLACER HASTA
LO MÁS PROFUNDO Y ME
PERMITO GANAR FUERZA
VITAL DE ELLO»

5

MANIPURA.
EL CHAKRA DEL
PLEXO SOLAR

EN SÁNSCRITO, *MANIPURA* SIGNIFICA «GEMA LUSTROSA». Manipura es un chakra situado en el plexo solar, sobre el ombligo y debajo de la apófisis xifoides. La mayoría de las tradiciones describen este chakra como amarillo. Normalmente, se considera que es de un tono brillante, lleno de vigor. Una de las señales que se considera que indican que este chakra está sano es si tiene un color vibrante y luminoso. Una buena manera de imaginar el chakra del plexo solar es como una brillante dinamo amarilla.

En las tradiciones tántricas se cree que el chakra está formado por diez pétalos azules y un triángulo descendente con cruces solares hindúes y un carnero a la carrera en la base. En este libro nos centraremos en el modelo de pensamiento occidental, que cree que este chakra es amarillo.

Manipura rige el poder personal, la confianza, la asertividad y la voluntad. Este chakra está relacionado con el poder, que le da al resto del cuerpo y se relaciona con el uso correcto del poder y la voluntad. El chakra del plexo solar crea tu singularidad y te permite transformar, mediante tu voluntad y tu poder personal. Un chakra del plexo solar brillante y claro te ayuda a ejercer tu poder personal general en el terreno de lo mundano.

Cuando está en equilibrio, este chakra irradia autonomía, autoestima, confianza y libre albedrío. Te ayuda a sentirte seguro de ti mismo y a ser independiente en la vida. Está destinado a facilitar que satisfagas tus propias necesidades de autoafirmación y libertad. Todas las personas desean sentirse soberanas y catalizadoras de su propio mundo. Debido a estas necesidades, el fortalecer el chakra del plexo solar resulta un impulso humano natural.

La combustión es la fuerza más poderosa del chakra del plexo solar. Es la esencia de la transformación y del poder. Es la llama de la metamorfosis. Este chakra te proporciona energía y vigor. Te da energía y mantiene tu acción en el mundo. Es esencial para lograr objetivos que necesitan mucha energía dinámica.

Tu poder personal es intrínsecamente importante en tu vida. Lo ideal es que tu cuerpo se sienta poderoso y capaz y que su sentido de sí mismo sea fuerte y saludable. Tal sentido proviene de la energía del chakra del plexo solar. El poder y el equilibrio en este chakra allanan el camino para una vida de éxitos y objetivos alcanzados.

EJERCICIO: MEDITACIÓN PARA CONECTAR CON TU CHAKRA DEL PLEXO SOLAR

Adquirir una mayor conciencia del chakra del plexo solar te ayudará a sentirte seguro y capaz en tu vida mundana. Además, reforzará tu conexión con todos los demás chakras. Te abrirá los ojos al mundo de la energía que hay en tu interior. La conexión con el chakra del plexo solar te ayudará a ser más consciente de tu poder personal.

Busca un lugar tranquilo y silencioso donde puedas disfrutar de soledad durante unos quince minutos. Relájate en ese espacio y respira profundamente. Si lo deseas, puedes tumbarte o sentarte en posición de meditación con las piernas cruzadas o sentado en una silla.

Cierra los ojos y relájate, con el ritmo de tu respiración entrando y saliendo de tu cuerpo. Déjate llevar por esa sensación y ese ritmo. Deja que el ritmo de tu respiración se ralentice un poco y se haga más profundo.

Con tu visión interior, ahora, ve un amarillo brillante y vibrante. Está hecho de luz. Observa cómo brilla ante ti. Puede llenar la pantalla de tu mente o puedes verlo como una esfera o una masa de energía de color. Déjate llevar por este amarillo vibrante. Siente su brillo dorado.

A continuación, coloca las manos sobre el plexo solar. Siente cómo tus manos conectan con ese chakra. Deja que tus manos y Manipura intercambien energía, y siente el pulso entre ambos. Aprecia el hermoso color amarillo de esa energía. Percibe su sabor.

Ahora, mentalmente, comienza a repetir el mantra base para este chakra, «Ram». Pronuncia esa palabra en voz alta mientras sientes tus manos conectadas con la energía fluyente y arremolinada del chakra en tu interior.

Sigue repitiendo el mantra y sintiendo el poder de este chakra durante todo el tiempo que así lo desees. Cuando estés listo para terminar, retira las manos suavemente y hazte consciente de la estancia en la que te encuentras. Frótate los brazos y las piernas enérgicamente y di en voz alta: «Ahora estoy aquí. Estoy presente». Asegúrate de sentirte completamente consciente de lo que te rodea antes de seguir con tu quehacer diario. Intenta beber mucha agua en esta ocasión.

El chakra del plexo solar está asociado al páncreas. Este órgano es una glándula exocrina y endocrina. Hablaremos de sus funciones exocrinas dentro de unos momentos. Como glándula endocrina, segrega las hormonas insulina y glucagón, que se ocupan de controlar los niveles de azúcar en la sangre.

Las disfunciones de esta glándula endocrina incluyen la hipoglucemia y la diabetes de tipo 1. La hipoglucemia tiene muchas causas; una de las más raras es cuando el páncreas produce demasiada insulina. En la diabetes de tipo 1 no produce suficiente.

Entre los múltiples remedios mentales y corporales que ayudan en ambos casos se encuentran el tai chi, el yoga y el Ayurveda (un sistema de medicina hindú que se basa en la idea del equilibrio de todos los sistemas corporales y en una dieta adecuada, tratamientos a base de hierbas y respiración yóguica).

Otras partes del cuerpo asociadas a este chakra son el sistema digestivo en general y los músculos, así como las funciones exocrinas del páncreas, que segrega enzimas para descomponer las proteínas, los lípidos, los carbohidratos y los ácidos nucleicos de los alimentos. Algunas disfunciones de los chakras corporales son las úlceras y los trastornos digestivos.

La disfunción emocional, espiritual y mental de este chakra suele manifestarse en forma de exceso de ira y rabia, ya sea reprimida o expresada de forma inadecuada. Normalmente, las personas de «mecha corta» necesitan equilibrar y calmar su chakra del plexo solar. Un profesional cualificado puede enseñarles a controlar la ira.

La salud y el bienestar de este chakra pueden incrementarse tomando visualmente tonos de amarillo claro. Si el chakra está hiperactivo y hay demasiada rabia e ira, entonces el amarillo pastel claro puede calmar el centro de energía y ayudarlo a relajarse. Si el chakra está poco activo y necesitas más confianza para magnificar tu encanto o poder personal, los tonos de amarillo brillante, claro, fuerte y vibrante te serán de gran ayuda.

Para mejorar la salud del chakra del plexo solar, el ejercicio vigoroso puede resultar útil, así como el entrenamiento de fuerza de todo tipo. Aumentar el vigor, la resistencia y la fuerza ayuda a que este chakra funcione con claridad y facilidad. Otra forma importante de reforzar este chakra es poner especial énfasis en aumentar la autoestima.

Algunas formas rápidas de hacerlo son: ser consciente de tu crítico interior e intentar sustituir esos pensamientos por otros positivos, así como elaborar una lista de al menos treinta cosas maravillosas sobre ti mismo. Trátate con amabilidad y respeto, y tu chakra del plexo solar tendrá la oportunidad de limpiarse y fortalecerse.

Puesto que tu voluntad está centrada en tu chakra del plexo solar, este es un centro de energía muy importante para tener un equilibrio saludable porque afecta a tu capacidad para impulsar tus creaciones hacia el exterior y hacerlas materializarse.

Tu tercer chakra es una parte importante de tu éxito en el mundo. En nuestra sociedad, la energía de la voluntad mueve las situaciones en la dirección que deseas. Eso tiene un efecto en tu carrera, entre otras cosas en tu vida.

Puedes usar tu voluntad para hacer que las cosas progresen, siempre y cuando equilibres esa voluntad, asegurando e intentando siempre que todo lo que ocurra sea para generar el bien más elevado posible para todo el mundo, incluyéndote a ti.

Busca situaciones en la que todos ganen, en respuesta a las circunstancias de tu vida y hazte consciente de que tu voluntad puede ser fuerte e individual, y permítele fluir en la dirección que desee. Es como un río de vibración, y puedes crear y entrar en el flujo infinito y deslumbrante, y aprovechar el poder de tu voluntad para crear tu mejor vida posible.

EJERCICIO: ACTIVIDAD PARA CONECTAR CON TU CHAKRA DEL PLEXO SOLAR

Una de las razones principales por las que el chakra del plexo solar se bloquea o se vuelve demasiado denso es debido a la represión de la rabia o la ira. Reprimir la ira es algo completamente natural, y casi todo el mundo lo hace en cierta medida. El renombrado traumatólogo Dr. John Sarno ha dedicado toda su carrera al estudio del papel de la emoción reprimida en la curación del cuerpo.

Como médica intuitiva desde hace más de quince años, Amy, una de las autoras de este libro, se ha dado cuenta de que el lugar más común donde la gente encierra su ira reprimida es en el interior profundo del chakra del plexo solar. En esta actividad, crearás con facilidad una válvula de escape a esa energía más densa y, como resultado, liberarás ese espacio para dar cabida a una energía, más ligera, de fuerza y confianza.

Busca una zona apartada donde no te vean y, preferiblemente, poco ruidosa. Si puedes, lo ideal es encontrar un lugar al aire libre, pero también puedes hacerlo en un lugar cerrado (idealmente en una planta baja). Durante el ejercicio, expulsarás tu ira y tu rabia a la Tierra. La Tierra puede reciclar cualquier energía generada por humanos, plantas o animales. Así que, en este caso, la Tierra absorberá tu ira y la reciclará en luz blanca que utilizará como combustible. Es un acuerdo mutuamente beneficioso entre tú y la Tierra.

Mantente erguido y cierra los ojos. Respira profundamente con el abdomen y enraiza los pies con firmeza. Ahora, deja de pisar fuerte y, en la siguiente inspiración, imagina que el aliento entra en ti. Cuando exhales bruscamente, visualiza el aire saliendo de tu plexo solar y empezando a formar una nube de tormenta por delante de tu cuerpo. Repite este proceso y sigue inhalando y exhalando y haciendo crecer tu nube de tormenta frente a ti.

Cuando esté completamente formado, en la siguiente inspiración, siéntelo en el plexo solar. Luego, con una exhalación enérgica, visualiza un rayo que sale de la nube de tormenta y se dirige directamente hacia la Tierra. Hazlo repetidas veces y sigue lanzando rayos a la Tierra. Esta es tu ira reprimida. Suéltala. Continúa y exhala bruscamente y envía el rayo hacia abajo. También puedes aplaudir, gritar y pisar fuerte. Permítete soltar de verdad y liberar todos los sentimientos reprimidos dentro de ti. No sabrás a qué se deben. No pasa nada y, de hecho, así es más eficaz. Mantén tu mente al margen y permanece en tu cuerpo. Sigue haciendo esto todo el tiempo que quieras, y cuando esté completo, lo sabrás porque sentirás que el proceso se agota.

Puede que te fatigues antes de rematar el proceso y necesites hacer este ejercicio varias veces. Eso es bueno. No hay prisa.

Cuando estés preparado para relajarte, deja que tu respiración retome la normalidad y tómate unos minutos para sentarte, envolverte en tus brazos y darte un abrazo. A continuación, consigna en tu diario cómo te sientes. Si este proceso te remueve en exceso, considera la opción de hablar con un amigo de confianza o con un profesional cualificado.

Asegúrate de beber mucho agua después, así como de tratarte con amabilidad y cuidado.

AFIRMACIÓN
DEL PLEXO SOLAR

«ME SIENTO CONFIADO
Y REPOSO EN MI PODER»

6

ANAHATA.
EL CHAKRA
DEL CORAZÓN

L A TRADUCCIÓN DEL SÁNSCRITO DE LA PALABRA *Anahata* es «intacto», aludiendo a un sonido que se produce sin que choquen dos cosas. El chakra del corazón está situado en el centro del pecho. Las tradiciones occidentales lo describen como de color verde. Por lo general, se considera que es verde esmeralda brillante. Cuanto más brillante y lleno de luz es el color, más sano está el chakra.

En las tradiciones tántricas, se cree que tiene doce pétalos de color rojo intenso, que rodean una estrella de seis puntas. En el resto de este capítulo nos centraremos en las ideas occidentales relativas a este chakra.

Anahata rige el amor, la respiración, el equilibrio, las relaciones y la unidad. Este chakra tiene relación con las energías superiores del amor y la compasión, cuando estas se encuentran en equilibrio. Gobierna los asuntos relacionados con las relaciones amorosas, la amistad y la conexión con el corazón. Cuando las necesidades de tu chakra del corazón están satisfechas, te sientes amado, cuidado y te amas a ti mismo. El impulso universal que todos sentimos, de amar y ser amados, tiene su origen en el chakra del corazón.

La fuerza más influyente de este chakra es el equilibrio, lo que implica un estado de balance y calma. Es un tipo de estabilidad y simetría emocional. Tener un corazón tranquilo y contento es la esencia del equilibrio del chakra del corazón.

El amor y un corazón feliz son cruciales para tu calidad de vida. La vida se basa en la conexión y el afecto y, sin ellos, uno se siente desamparado y solo. Un chakra del corazón sano te hace saber que nunca estás solo. Puedes cuidar de los demás y de ti mismo y permitir que tu corazón esté abierto y pleno.

EJERCICIO: MEDITACIÓN PARA CONECTAR CON TU CHAKRA DEL CORAZÓN

Conectar con tu chakra del corazón te ayudará a dar y recibir amor con mayor libertad, a desarrollar mayores niveles de compasión hacia los demás, así como hacia ti mismo, y a sentirte más abierto y conectado con el mundo que te rodea. Cuando sintonizas con tu chakra del corazón, te das cuenta de que el mundo es un lugar, en gran medida, benévolo y de que todos estamos interconectados.

Busca un lugar tranquilo y siéntate o túmbate. Asegúrate de que no te molesten durante unos quince minutos. Empieza cerrando los ojos y relajando el cuerpo. Descansa y relájate en el suelo o en la silla que tengas debajo y empieza a respirar más profundamente.

Cuando hayas relajado el cuerpo y respirado hondo durante unos minutos, imagínate vivir un precioso baño del verde esmeralda más brillante posible. Observa el pulso vital de este color. El rosa también está asociado a este chakra, así que deja que también se arremolinen colores suaves y rosados. Concéntrate en los colores que tienes ante ti y permítete sentir cómo palpitan llenos vida.

Ahora, lleva las manos al centro del pecho y colócalas palma con palma con los dedos apuntando hacia arriba. Siente el verde y el rosa de tu corazón latiendo en el centro de tu pecho y nota cómo tus manos se ven envueltas en esa pulsación. Sumérgete en los colores y deja que llenen tus sentidos. Es posible que sientas un hormigueo, calor o un latido de energía en las manos, porque están muy conectadas con el corazón. La energía del corazón suele fluir por los brazos y salir por las manos. Por ejemplo, así ocurre cuando le das una palmadita en el hombro a un ser querido, cuando acaricias el pelo de un niño o cuando le das un masaje en el cuello a tu pareja.

Mantente concentrado en los colores y las sensaciones y ahora empieza a repetir el mantra de la semilla, internamente o en voz alta. Es «Yam». Repítelo y concéntrate en que tus manos se conectan con tu corazón. Siente los colores allí. Siente las emociones en tu corazón. Deja que tu conciencia descanse en esa zona, respira profundamente y siente el latido allí.

Sigue repitiendo el mantra y sintiendo tu corazón todo el tiempo que quieras. Cuando sientas que el proceso se ha completado, deja que tu conciencia vuelva a la habitación y a lo que te rodea. Date palmadas enérgicas en brazos y piernas y dite a ti mismo: «Ahora estoy aquí. Estoy presente». Bebe un poco más de agua y continúa el día con un sentimiento de amor en el corazón.

El chakra del corazón está asociado a la glándula llamada timo, que está situada entre los pulmones, detrás del esternón. El timo es más activo antes de la pubertad, pues produce mucha timosina, una hormona que ayuda al cuerpo a producir células T, que desempeñan un papel vital en la inmunidad durante toda la vida. La disfunción endocrina asociada a la glándula del timo puede implicar una disminución de la inmunidad. Dado que la mayor parte de la influencia del timo se produce en la infancia, la mejor forma de fortalecer el organismo en la edad adulta es reforzar la inmunidad de múltiples formas. Dos remedios mente-cuerpo que pueden ayudar son la meditación y el chi kung, para reducir los efectos del estrés en el cuerpo. El ejercicio, en general, también ayuda a reforzar la inmunidad y el cepillado de la piel en seco también puede ayudar.

Las otras partes del cuerpo asociadas con el chakra del corazón son el corazón, los pulmones, las manos y los brazos. Algunos signos potenciales de desequilibrio del chakra del corazón son las enfermedades cardiacas y el asma. La disfunción emocional del chakra puede incluir el miedo a no ser lo bastante amado y no ser capaz de recibir plenamente el amor de los demás.

Para promover la salud en tu chakra del corazón, solo debes sumergirte en el amor de una manera equilibrada y saludable. Una forma estupenda de dar y recibir amor incondicional es mediante los perros de compañía o mascotas. Si tienes un perro, probablemente ya sepas lo que se siente. Si no lo tienes, puedes pasar tiempo con el perro de un amigo y ofrecerle tu amor y cariño. Pasar tiempo con los niños de la familia, especialmente los que están en la primera o segunda infancia, es otra forma estupenda de compartir sentimientos de amor de una manera fácil y orgánica. Los ejercicios de respiración profunda pueden ser útiles y muchas personas informan de grandes resultados utilizando la Técnica de Liberación Emocional, también conocida como EFT, por sus siglas en inglés, o popularmente *tapping*.

EJERCICIO: ACTIVIDAD PARA CONECTAR CON TU CHAKRA DEL CORAZÓN

El estado natural del chakra del corazón es abierto y relajado. En nuestro mundo acelerado, lleno de sarcasmos y comentarios agrios, puede resultarnos difícil mantenerlo así. Pero, en última instancia, un corazón abierto se siente mejor. Cerrar el corazón solo interfiere en el disfrute de la vida y, de manera potencial, en la salud. Así que tómate tu tiempo para reflexionar sobre lo que abre tu corazón. Serán cosas que te inspiren sentimientos de amor y cariño.

Haz ahora una lista de lo que hace algo así contigo y comprométete a dar prioridad a abrir tu corazón. Intenta abrirte un poco más cada día. Si tienes miedo de que te hagan daño, reconócelo, pero pregúntate si merece la pena vivir tu vida de manera que te pierdas el amor y el cariño que puedes dar y recibir. El amor merece el riesgo.

Recuerda que quererte a ti mismo es tan importante como querer a los demás. El chakra del corazón funciona de forma más saludable cuando te das amor y cuidados con regularidad. Eso puede significar permitirte un masaje relajante, pero también establecer límites adecuados con tus seres queridos para proteger tu tiempo y tu energía. Ahora haremos una actividad para activar la naturaleza infinita del chakra del corazón. Busca un lugar tranquilo donde no te molesten y túmbate. Dedica unos veinte minutos a este proceso.

Aquieta tu mente respirando profundamente y concentrándote en la sensación del aire entrando y saliendo por tu boca. Déjate llevar por ese ritmo y relájate profundamente. Piensa en la lista que hiciste antes, de cosas que inspiran el sentimiento de amor en tu corazón. Elige una de ellas e imagínatela para evocar la emoción y la energía del amor. Concéntrate en ella y haz que el sentimiento de amor irradie a través de ti. Es un sentimiento y una energía a la vez.

Ahora, deja que palpite desde el centro de tu pecho y repite la palabra «Amor» una y otra vez de forma mental, mientras sientes la emoción y la energía. Pulsa la energía a tu alrededor para que abarque todo tu cuerpo. Respira y repite la palabra «Amor».

Ahora, expándelo de la misma manera hasta que forme una burbuja de un metro a tu alrededor por todos lados. Respira y siente este amor que te estás dando a ti mismo.

A continuación, imagina tu pueblo o ciudad en un mapa. Inhala profundamente y repite la palabra «amor» en tu mente mientras exhalas durante todo el tiempo que puedas y visualiza tu burbuja de amor expandiéndose instantánea y rápidamente para abarcar toda tu ciudad. Una vez que se haya expandido, siente cómo pulsa amor desde tu corazón hacia toda tu ciudad.

Ahora, ¡imagina la Tierra! Siente el amor latiendo en tu corazón. Nota cómo pulsa a través de tu cuerpo, el área alrededor de tu cuerpo y tu ciudad. Inhala profundamente y, al exhalar, deja que tu burbuja de amor se hinche con rapidez y crezca instantáneamente hasta envolver todo el planeta. Siente cómo el amor de tu corazón envuelve toda la Tierra. ¿Notas lo que se siente? ¿Desencadena aún más emociones en tu corazón y en tu cuerpo?

Este amor por todo el planeta es la esencia de la compasión, que es la expresión más elevada del chakra del corazón. Báñate en ese sentimiento.

Cuando estés preparado, puedes volver a tomar conciencia de la habitación. Mueve los dedos de manos y pies y mira a tu alrededor. Frótate las extremidades enérgicamente y aplaude para asegurarte de que te sientes plenamente presente. Asegúrate de beber más agua hoy.

AFIRMACIÓN DEL CHAKRA DEL CORAZÓN

«ABRO MI CORAZÓN AL INMENSO AMOR QUE HAY EN MI VIDA»

7

VISHUDDHA. EL CHAKRA DE LA GARGANTA

EL QUINTO CHAKRA, SE LLAMA *VISHUDDHA,* QUE significa «purificación». Está situado en la garganta y, en el sistema occidental de chakras es azul. Los hindúes lo describieron originalmente como una figura circular blanquecina, formada por dieciséis pétalos de color púrpura y gris ahumado. El gris proviene de su asociación con el elefante Airavata, señor de todos los animales herbívoros. Dentro de esa figura circular se encuentra un triángulo azul con un círculo blanco. El círculo hace referencia a la luna llena, y la luna puede simbolizar el éter invisible o la energía etérica, relacionada a su vez con el sueño. Por lo tanto, el chakra de la garganta también se asocia con el yoga del sueño, o el sueño en general.

El chakra de la garganta está asociado sobre todo con el habla, la comunicación y la expresión creativa. Cuando el chakra de la garganta está despejado y abierto, somos capaces de dejar ir las cosas, especialmente nuestras propias elecciones pasadas para bien o para mal, y expresar nuestros puntos de vista de forma saludable. Aprendemos la lección y seguimos adelante; no nos detenemos en las ansiedades del pasado, el presente o el futuro, y hemos adquirido sabiduría a partir de la experiencia vital. Nuestro discurso fluye con libertad, vivimos en un estado de sano desapego, y esto facilita la experiencia de poderosos sueños espirituales. El «éter» asociado con el chakra de la garganta es similar a nuestro cuerpo astral y se cree que, por la noche, este cuerpo etérico abandona el cuerpo para soñar.

En cambio, cuando este chakra está bloqueado, ocurre todo lo contrario; nuestra expresión personal es limitada y nos sentimos atormentados por la culpa y la vergüenza del pasado, tememos el futuro y nos cuesta vivir el presente. Las raíces de la palabra Vishuddha son *visha,* que significa «veneno» y *shuddhi*, que significa «purificación». Por lo tanto, cuando este chakra está cerrado, se cree que se convierte en un veneno en el cuerpo que provoca el envejecimiento y la muerte. Cuando está abierto y despejado, se considera un agente de purificación contribuye a una longevidad excepcional.

La resonancia es la mayor influencia de este chakra. Cuando la energía de nuestra garganta fluye libremente, nos sentimos seguros de quiénes somos y compartimos fácilmente nuestra voz con el mundo que nos rodea.

Este chakra tiene asociado el sonido de mantra básico, «Jam». Se pronuncia «jahmm»; si lo sientes bloqueado, repetir este mantra durante la meditación ayuda a purificarlo. Otros medios para despejar la garganta son las posturas de cabeza, como las asanas de yoga; por ejemplo, *salamba sirsasana*, el «rey de las asanas». También se cree que cantar, en general, es una actividad saludable para la garganta, ya sea en una meditación activa dedicada al kirtan[1] o simplemente cantando a la par que tu canción favorita en la radio.

---

[1] Kirtán: canción devocional hindú. Consiste en la repetición de mantras o cantos sagrados en sánscrito, y se considera una meditación en movimiento *(N. del T.).*

Antes de la primera meditación sobre el chakra de la garganta, sepamos un poco más sobre el lado más esotérico del mismo, llamado Yoga del Sueño, que es una parte muy importante de la práctica budista tibetana, y se le considera un peldaño esencial en el camino de la trascendencia de los interminables ciclos de nacimiento y muerte. Muchas religiones orientales creen que existimos en un sueño elaborado que solo parece ser «real».

Se cree que trabajar con los sueños es una forma excelente de darse cuenta de que nuestra vida de vigilia también es solo un sueño. Esto se consigue desarrollando el sueño lúcido, o despertar en un sueño mientras el cuerpo permanece dormido. Una vez que se puede inducir el sueño lúcido a voluntad, es posible dirigir el curso de los sueños para obtener beneficio espiritual. Tales prácticas tardan años en dominarse y son muy elaboradas, pero los monjes tibetanos creen que dominar los sueños prepara a los humanos para la intensa oleada de manifestaciones visuales y sensoriales que se producen justo después de la muerte. Los monjes budistas creen que nos quedamos embelesados con estas manifestaciones *post-mortem* y nos vemos así arrastrados a una nueva encarnación. Sin embargo, si podemos trascender estas imágenes ilusorias y oníricas, tendremos la oportunidad de romper el interminable ciclo de muerte y renacimiento.

En el chakra de la garganta se encuentran los comienzos de la práctica del yoga de los sueños. Hay muchas visualizaciones, mantras, prácticas yóguicas, respiratorias y de otro tipo que dependen de un chakra de la garganta activo y sano para su realización satisfactoria. Es un aspecto fascinante del budismo que tan solo ahora se está haciendo más popular en Occidente.

EJERCICIO: MEDITACIÓN DE LA GARGANTA

Hagamos una meditación que nos ayude a conectar con
los sentimientos y las energías del chakra de la garganta.
Busca un lugar tranquilo y cómodo para sentarte o tumbarte
donde no te molesten ni te distraigan. Respira varias veces
para calmarte y centra tu atención en el momento presente,
justo donde estás. Sé consciente de tu cuerpo, de tu ropa, de tu
respiración y de cómo te sientes.

Continúa respirando lentamente con una suave inhalación y una
suave exhalación. Sé consciente de la habitación o el espacio en
el que estás; de cómo se siente, suena y huele. Si aún no lo estás
haciendo, asegúrate de respirar con una sonrisa en la cara. No tiene
por qué ser una sonrisa enorme; una sonrisa sutil es más fácil
de mantener, pero ayuda a poner la mente en el espacio mental
adecuado para la meditación.

Imagina que tu cuerpo está rodeado por una esfera de luz. Atrae la
luz hacia tu cuerpo con cada inhalación y expándela de nuevo con
cada exhalación. Dedica varias respiraciones a expandir y contraer
la bola de luz a tu alrededor. Así aprenderás a sentir tu campo aural,
el campo natural de energía vital que rodea y penetra en tu cuerpo.
Tus chakras forman parte de este campo. Sigue sonriendo.

En la siguiente inspiración, centra tu atención en la energía que rodea tu garganta. El simple hecho de prestar atención a la garganta puede hacerte sentir como si zumbara. De nuevo, al inhalar, atrae la energía que rodea la garganta hacia el centro y, al exhalar, vuelve a expandirla. Sigue haciendo esta meditación respiratoria hasta que sientas una sensación de felicidad brillante en la garganta, como si pudieras chillar de alegría, o hasta que la sientas cansada por el ejercicio.

Si después de un rato sientes la garganta cansada, no te preocupes; tómate un descanso y sigue practicando otro día, hasta que logres esa sensación de alegría y entusiasmo en la garganta. Sigue sonriendo.

Cuando sientas exuberancia en la garganta, algo que puede parecer una sensación extraña hasta que la experimentes de verdad, habrás aumentado y purificado la energía de la garganta. Enhorabuena.

Hay un paso más para asegurarnos de que la energía de la garganta permanece equilibrada con el resto de tu campo aural. Inhala lentamente una vez más y pon tu atención en tu garganta, luego exhala e imagina que la energía de tu garganta se mueve hacia abajo, por el interior de tu cuerpo, hacia tu vientre. Deja que se asiente en tu vientre durante la exhalación. Continúa esta práctica hasta que la energía de la garganta vuelva a estar en calma. Sigue sonriendo y, cuando te sientas preparado, estira los brazos y las piernas y mueve el cuerpo durante unos minutos para volver a tomar conciencia de todo el cuerpo.

El tiroides es la glándula endocrina asociada al chakra de la garganta, donde está situada, justo debajo y a ambos lados de la laringe. Las hormonas tiroideas tienen muchas funciones de regulación corporal, principalmente el metabolismo y la temperatura corporal durante la edad adulta, pero además tienen un gran papel en el crecimiento sano del cuerpo durante el desarrollo infantil. Desgraciadamente, el desequilibrio tiroideo se ha vuelto demasiado común en el siglo XXI, especialmente en las mujeres.

Debido a su ubicación, el chakra de la garganta siempre se ha relacionado con la audición y los oídos, y con el habla y la boca. Por las razones simbólicas mencionadas anteriormente, el chakra de la garganta también se relaciona, contra toda todo lo que pudiera parecer, con el sueño y el cuerpo etérico. Otra asociación interesante del chakra de la garganta es con la calidad de vida en general. Vishuddha tiene aspectos venenosos y purificadores; así lo indica su propio nombre.

Desde los primeros escritos indios sobre vishuddha, se creía que el estado de salud o disfunción del chakra de la garganta estaba directamente relacionado con la calidad de vida. Un chakra de la garganta cerrado puede llevar a la ruina material, mientras que un chakra sano favorece las cualidades de liderazgo y éxito.

En el sistema occidental el chakra de la garganta se asocia principalmente con la comunicación clara y la expresión emocional. Cuando el chakra de la garganta está desequilibrado, se habla con dificultad y la expresión emocional es más débil. El miedo puede ser un factor importante en ambas condiciones y, por lo tanto, afrontar los miedos se considera una buena forma de abrir el chakra de la garganta.

EJERCICIO: ACTIVIDAD PARA CONECTAR CON EL CHAKRA DE LA GARGANTA

Vamos a hacer un ejercicio fácil para ayudarnos a conectar con el chakra de la garganta. En este ejercicio utilizaremos la voz para abrir y limpiar la energía de la garganta. Busca un lugar cómodo para sentarte, donde no te distraigas, y haz varias respiraciones lentas y profundas para relajarte.

Sitúa tu conciencia con firmeza en el momento presente. Sé consciente de tu cuerpo, tus brazos, piernas, cabeza y cuello. Sigue el ritmo de tu respiración. Siente la ropa en tu piel, la silla, las almohadas o el suelo en el que estás sentado. Observa los sonidos, los olores, la temperatura y el resto de información sensorial que te rodea. Sigue respirando y mantente presente.

El sonido del chakra de la garganta es «Jam», pronunciado «jahmm». Inhala profunda, tranquila y lentamente, aguanta la respiración un momento y, al exhalar despacio, di «Jahmm», dejando que el sonido se prolongue durante toda la exhalación. Permite que el sonido de Jam reverbere a través de tu garganta. Se cree que este sonido ayuda a activar la energía del chakra de la garganta, limpiándola de energía estancada y ayudándola a fluir clara y fuerte.

Si es la primera vez que recitas este mantra, puede que empieces a sentir dolor en la garganta al cabo de un rato. Esto puede deberse a una combinación de dolor en los músculos de la garganta y el movimiento de la vieja energía estancada en dicha garganta. No es necesario sufrir tales molestias; simplemente, detente y retómalo la próxima vez. Cuanto más practiques, más fuerte sentirás la energía de tu garganta.

En realidad, cualquier tipo de canto activará la energía del chakra de la garganta. Lo mejor es cantar palabras afirmaciones o canciones positivas. No importa el idioma que utilices; lo que cuenta es el sentimiento que hay detrás de las palabras. Cantar canciones de esperanza, amor, inspiración, alegría y felicidad tiene un efecto positivo sobre todo el campo energético y es especialmente beneficioso para el chakra de la garganta.

**AFIRMACIÓN
DEL CHAKRA
DE LA GARGANTA**

«ME EXPRESO CON
FACILIDAD Y GRACIA»

8

AJNA. EL CHAKRA DEL TERCER OJO

EL SIGUIENTE CHAKRA SE LLAMA *AJNA*, QUE SIGNIFICA «mando». Se localiza en el entrecejo, encima de los ojos y cerca de la parte superior de la columna vertebral y en el sistema occidental moderno es de color azul índigo. Según la visión tradicional, el chakra Ajna es de color blanco con dos pétalos a cada lado. Estos pétalos simbolizan una pareja de nadis que suben por ambos lados del cuerpo y se conectan cerca del chakra Ajna. Se dice que terminan en las fosas nasales.

La palabra *Ajna* significa tanto autodominio, logrado mediante la superación de la ilusión de la dualidad, como una profunda entrega al mandato o guía del gurú. En última instancia, tu propio ser liberado es el verdadero gurú pero, hasta que ese momento llega, un gurú es tu maestro espiritual desinteresado.

Se cree que, cuando se activa el chakra Ajna, coincide con un estadio en el desarrollo espiritual de una persona en el que la dualidad se haya superado. Así pues, el chakra Ajna rige el despertar espiritual. Su palabra clave es *ilu-*

minación. El apego al mundo pasajero que nos rodea se desvanece y emerge un estado mental unificado. Según la visión hindú tradicional, cuando se despierta el tercer ojo, es posible quemar con rapidez el karma pasado, desapegarse de los sufrimientos ilusorios del mundo y encontrar la verdadera paz interior. Mientras que un chakra de la garganta activado indica que se ha logrado un alto nivel de autodepuración, la activación del chakra del tercer ojo produce trascendencia.

Las habilidades psíquicas, o *siddhis,* cobran vida con un chakra del tercer ojo plenamente activado. No se trata de poderes mentales, ya que los chakras no están relacionados con el cuerpo físico. Más bien se piensa en los chakras como piezas de una dinamo espiritual que, cuando se conectan, provocan una transformación energética de la conciencia. En el proceso del despertar espiritual, el cuerpo también se transforma en su totalidad. Muchas personas desean obtener la capacidad psíquica y es un fenómeno completamente natural. Tal como se expone en *The Way of the Psychic Heart,* de Chad Mercree, todo el mundo nace con estas habilidades, y activarlos es solo cuestión de práctica. Sin embargo, cuando el chakra Ajna se despierta de manera espontánea, las habilidades psíquicas pueden aparecer de golpe. La experiencia puede resultar abrumadora y, según la visión tradicional, para pasar del chakra del tercer ojo al chakra de la corona es necesario superar todo apego a los *siddhis.* Las habilidades psíquicas pueden tener un efecto poderoso en nuestra experiencia vital y desprenderse de lo que pueden parecer poderes omniscientes puede ser una tarea difícil.

La luz es la fuerza motriz del chakra del tercer ojo, tanto la luz del sol como la luz de la conciencia y la iluminación.

EJERCICIO: MEDITACIÓN DEL TERCER OJO

Conozcamos nuestro centro del chakra del tercer ojo haciendo la siguiente meditación. Como de costumbre, busca un lugar cómodo para meditar. Para esta meditación no importa si te sientas en una silla o en el suelo, si estás de pie o tumbado. Respira profundamente varias veces para relajarte y sentirte centrado. Ahora, respira de nuevo varias veces a través del corazón. Al inhalar, imagina que tu respiración se dirige hacia el corazón y lo llena. Ahora, exhala lentamente y deja que la respiración del corazón se expanda por todo el cuerpo. Repítelo varias veces hasta que sientas un mayor nivel de paz y relajación.

Ahora que estás relajado y centrado, lleva tu conciencia hasta los ojos. En la siguiente inhalación imagina que la respiración llena el espacio entre tus ojos. Siente cómo la energía de la respiración llena todo el espacio de luz. Aguanta la respiración un momento antes de exhalar. Al exhalar, siente cómo la energía del tercer ojo se expande hacia fuera. Repítelo varias veces.

El sonido del mantra base para el chakra del tercer ojo es «Aum» u «Om». En la siguiente exhalación canta la palabra *Aum*, dejando que cada sonido se exprese en su plenitud con el siguiente *Ahhhh-ooooohmmmmmmmmmm*. Repite el mantra base durante las siguientes exhalaciones, que han de ser largas y lentas. ¿Puedes sentir cómo se remueve la energía del chakra del tercer ojo?

Respirar a través de los chakras es una forma fácil de ayudar a la gente a aprender a sentir la energía removiéndose en cada chakra. Hay energía en la respiración y se puede mover a cualquier lugar al que la atención quiera llevarla, de manera semejante al *chi*. Al comenzar, después de varias respiraciones, la zona del tercer ojo puede volverse sensible. Es tan sencillo como parar cuando así lo quieras, y volver a practicar otro día.

El chakra del tercer ojo se asocia, en los sistemas occidentales contemporáneos, con las glándulas pineal y pituitaria. La hipófisis es una glándula «maestra» que regula muchas funciones hormonales del organismo enviando señales a otras glándulas del cuerpo para que produzcan hormonas. Sin el concurso de la hipófisis, la tiroides, las suprarrenales, los ovarios y los testículos. Además, es responsable de liberar la hormona del crecimiento humano a lo largo de toda nuestra vida, regulando desde el crecimiento general hasta la masa muscular y ósea, y regula el equilibrio hídrico y la producción de leche en las mujeres lactantes.

La glándula pineal controla los patrones de sueño y algunas hormonas sexuales. En algunas especies animales más primitivas la glándula pineal es una especie de ojo vestigial.

Estas asociaciones glandulares no estaban presentes en las primeras enseñanzas tántricas, pero se han desarrollado con el tiempo. Son especialmente populares en los sistemas occidentales contemporáneos. Esta es una de las cosas que resultan más emocionantes de trabajar con los chakras. Nuestra comprensión de lo que son y cómo funcionan ha progresado a lo largo de los siglos, a medida que personas de todo el mundo han seguido investigando los chakras. Mientras que el sistema tántrico vinculaba simbólicamente los chakras con muchos colores y formas diferentes, diversos símbolos sánscritos, deidades y sonidos, en el sistema occidental, las asociaciones están más relacionadas con zonas del cuerpo, colores del arcoíris, elementos, sonidos, símbolos astrológicos e incluso mitología cabalística.

EJERCICIO: ACTIVIDAD PARA CONECTAR CON TU CHAKRA DEL TERCER OJO

Este ejercicio te ayudará a conectar con tu chakra del tercer ojo. Empezaremos como antes, buscando un lugar cómodo para practicar y respirando profundamente varias veces para relajarnos y centrarnos. Toma conciencia de tu cuerpo, de tus brazos y piernas, y de tu cabeza y hombros. Respira en cada parte de tu cuerpo y deja que se relaje más profundamente con cada exhalación.

Presta atención al chakra del tercer ojo. Inspira y espira en el tercer ojo varias veces hasta que sientas que su energía se mueve. Cuando esto ocurra, sentirás un zumbido u hormigueo entre las cejas, tus pensamientos se calmarán y te sentirás excepcionalmente presente. Deja que esta sensación de zumbido u hormigueo aumente hasta que sea casi insoportable.

Ahora, formula una intención sobre algo que deseas que suceda. Dilo para ti mismo o en voz alta. Tú creas tu realidad a partir de cada pensamiento, palabra y acción. El chakra del tercer ojo representa esa parte de nosotros mismos que manifiesta la intención al ser capaz de sintonizar con nuestra sabiduría divina interior, nuestra intuición. Cuando activamos nuestro chakra del tercer ojo, esto es algo que ayuda a desarrollar una fuerte conexión activa con nuestras habilidades intuitivas. Pregúntate cuáles son los siguientes pasos que has de dar para alcanzar lo que deseas. Permítete ver los tres siguientes pasos que has de dar para llegar a tu meta. Pon por escrito tales pasos y cómo los pondrás en práctica, uno tras otro.

Una vez completados tales pasos, repite esta actividad hasta alcanzar tus objetivos.

Puedes llevar a cabo una práctica similar con los recuerdos. Repite los dos primeros párrafos de esta actividad e intenta luego recordar algo perdido para tu memoria cotidiana. Pregúntate sobre un periodo o acontecimiento concreto y deja después que la energía del chakra del tercer ojo te ayude a recordar sobre tales sucesos.

En la práctica tántrica tradicional, los chakras se activan de uno en uno, desde la raíz hasta la coronilla. A medida que cada chakra se activa, se producen cambios espontáneos de personalidad, físicos, emocionales, mentales y espirituales en el camino hacia la iluminación. En el caso del chakra del tercer ojo, la aparición de habilidades psíquicas es un verdadero sello distintivo de su activación. Se ha descrito como la unión de los opuestos, donde el placer y el desapego viven en perfecta armonía. Esta unión allana el camino para la expresión del chakra coronal, que es la máxima expresión de la energía vital y la conciencia kundalini.

AFIRMACIÓN PARA EL CHAKRA DEL TERCER OJO

«MI INTUICIÓN ME GUÍA PARA MI SUPREMO BIENESTAR»

9

SAHASRARA.
EL CHAKRA CORONA

EL CHAKRA CORONA ES EL SÉPTIMO Y ÚLTIMO DE LOS centros de energía en los sistemas chakra más tradicionales. Su nombre en sánscrito es *Sahasrara*, que significa «el de los mil pétalos», en referencia a los infinitos pétalos que se visualizan en este chakra, en el sistema tradicional.

Los budistas tibetanos lo imaginan con treinta y dos pétalos, y varía de una tradición a otra.

En el sistema occidental se ve de color violeta o blanco. El chakra corona se encuentra situado en la parte superior de la cabeza, en el lugar donde solía estar nuestro punto blando cuando éramos bebés. Mientras que los pétalos de los demás chakras suelen dibujarse apuntando hacia arriba, los de corona apuntan hacia abajo.

En su máxima expresión, el chakra corona representa la iluminación, la conciencia pura y la capacidad de escapar de los interminables ciclos de nacimiento y muerte que sufrimos la mayoría de nosotros.

Sin embargo, para nosotros, los mortales normales, también está relacionado con la inspiración y con la creatividad, de forma similar al chakra del tercer ojo.

La conciencia del chakra corona está más allá de toda dualidad, de todo aferramiento a cosas temporales como el amor, el éxito, etcétera. Una persona con el chakra coronar activado puede describirse como alguien resplandeciente, literalmente. La vida se vive con plena conciencia en cada momento, sin desear nada y apreciando cada momento nuevo, y las experiencias que este trae consigo. Es un estado de conciencia totalmente ajeno a la mayoría de nosotros, pero para muchas tradiciones orientales representa la meta de la experiencia humana y se cree que es posible alcanzarlo en una sola vida.

Un chakra corona desequilibrado conduce a la locura, al complejo de dios que sufre un número desgraciadamente elevado de gurús contemporáneos. Las drogas son un enorme obstáculo para el desarrollo de los chakras, así como para la expresión saludable de la energía de la fuerza vital kundalini, y en parte, tal cosa se debe a la forma en que las drogas alteran el campo energético humano. Pueden abrir de par en par el chakra del tercer ojo y permitir que las personas no preparadas experimenten fenómenos psíquicos de forma poco saludable, y también pueden alterar la expresión del chakra corona y hacer que la gente se sienta como dioses o diosas cuando en realidad son cualquier cosa menos eso.

Cuando se activa de manera correcta, la iluminación es la fuerza influyente clave del chakra corona. Su esencia nos conecta con lo divino, con todo el cosmos. O mejor dicho, su despertar nos permite recordar las conexiones que siempre hemos tenido con todo lo existente.

No existe un mantra o sonido base asociado al chakra coronario. Está más allá de toda expresión y, en cierto modo, representa el vacío entre todas las cosas, la pausa entre la inhalación y la exhalación de la creación. El momento entre todas las cosas: así es como el chakra corona está conectado con el Todo, a través de los espacios intermedios entre cada cosa existente.

EJERCICIO: MEDITACIÓN PARA CONECTAR CON EL CHAKRA CORONARIO

Busca un lugar cómodo para sentarte o tumbarte y relájate. Respira lenta y profundamente varias veces y, con cada exhalación, deja que tu cuerpo se relaje cada vez más. Siente tu cuerpo, tus manos y pies, brazos y piernas, y cuello y cabeza. Continúa respirando. Empezando por el chakra raíz, respira profundamente en cada chakra, mantén la respiración unos instantes y luego exhala. A medida que asciendes por el cuerpo, siente todos los chakras conectados, diferentes partes de tu único campo energético. Sigue los chakras uno a uno hasta la coronilla. Siente cómo su energía cobra vida con la respiración. Siente cómo tu energía aumenta y fluye más libremente con cada nueva conexión. Siente cómo la energía de tu corazón te envuelve con amor. Muévete hacia los chakras de la garganta y del tercer ojo y siente la paz junto con el amor. Ahora, respira varias veces más y conecta con la coronilla.

Siente cómo la conciencia expandida de tu energía de la coronilla se fusiona con esa sensación de paz amorosa. Es una experiencia hermosa, una sutil muestra de tu futuro yo iluminado. Si en algún momento te duele la cabeza o sientes una presión excesiva en la cabeza, simplemente respira toda la energía que acabas de acumular hacia tu chakra raíz y cuando las molestias se mitiguen, abandona la práctica. Con el paso del tiempo, serás capaz de mantener la energía en tu coronilla más tiempo.

Si no se produce ninguna molestia, déjate llevar por las sensaciones maravillosas y dichosas que produce la apertura del chakra corona. Es algo único; una combinación de paz, bondad amorosa y placer, todo a la vez. Cuando hayas acabado, deja que toda la energía acumulada en tu coronilla descienda a su lugar correspondiente, con cada exhalación. Si tu energía fluye de la manera adecuada, no hace falta que le digas a dónde tiene que ir; irá por sí misma a donde sea necesario.

Para cada uno de los chakras anteriores ha existido una parte correspondiente del sistema endocrino y eso es algo sobre lo que están de acuerdo la mayoría de los médicos contemporáneos. Sin embargo, este no es el caso del chakra corona. Se le ha vinculado al sistema endocrino al completo, así como de manera específica a las glándulas pineal y pituitaria y a la región del hipotálamo del cerebro. La tradición yóguica de Swami Ranganathananda (1908-2005) tiene una idea diferente del chakra coronario. Escribió que: «Los yoguis hablan de un nervio sutil que va a la coronilla de la cabeza, conocido como *Susumna*, situado en el centro de la columna vertebral. Se cree que, cuando la energía vital de un yogui pasa a través del *susumna* y atraviesa la abertura en la coronilla de la cabeza, conocida como *brahmarandhra*, o «la abertura que conduce a Brahma», no renacerá en el mundo, sino que llegará firmemente a *brahmaloka*, el mundo de la Mente cósmica... El camino así recorrido se conoce como «el camino del norte» o «el camino de la luz». Este «nervio sutil» forma parte del campo energético humano y no está conectado a ninguna glándula en concreto del cuerpo.

Los estudiantes que trabajan con el chakra corona deben ser conscientes de su inestabilidad, cuando se comienza una práctica espiritual. Es posible abrir demasiado el chakra corona y no saber cómo volver a cerrarlo, y esto puede provocar sensibilidad a la luz y al sonido, dolores de cabeza y otros síntomas físicos. Lo mejor es trabajar con el chakra corona bajo la guía de un profesor experimentado para evitar estas experiencias desagradables. Por lo tanto, la siguiente actividad te ayudará a conectar con el espíritu del chakra corona indirectamente, a través de la participación activa en el servicio a la humanidad.

EJERCICIO: ACTIVIDAD PARA CONECTAR CON EL CHAKRA CORONA

Parte de lo que representa el chakra coronario es que iluminarse significa trascender las preocupaciones mundanas, especialmente las del yo. Lo ideal sería que nunca hubiera un gurú espiritual iluminado que se preocupara por la fama y la fortuna, la acumulación de bienes materiales o el poder sobre multitudes de seguidores. Una persona iluminada ha perdido interés por tales cosas. Sin embargo, las personas iluminadas muestran rasgos de profunda preocupación y compasión por el sufrimiento de sus semejantes, humanos o no. La obtención de la conciencia universal, simbolizado por el chakra coronario, siempre está vinculado a un talante compasivo y bondadoso. Diferentes sistemas de todo el mundo visualizan la forma del chakra corona de forma diferente, desde una campana a una corona de múltiples pétalos o una rueda cónica de luz blanca. Como ocurre con todos los chakras, no siempre hay consenso sobre los detalles o la simbología de cada uno de ellos, pero sí sobre sus funciones y cualidades.

Una forma maravillosa de expresar las cualidades de un chakra corona activado es atendiendo al sufrimiento de la humanidad. Convertirse en un ser totalmente despierto desde el punto de vista espiritual tiene sus peligros, incluida la tentación de aferrarse a la gran necesidad de autoengrandecimiento del ego. No puedes llevar a tu pequeño yo normal contigo en el camino hacia la iluminación. Todos somos idiotas, de un modo u otro, y todo a causa de un apego malsano a nuestro ego. Al ego le importa mucho nuestro aspecto, lo que ganamos, a quién conocemos, lo alto que estamos en la cadena social y otras tonterías. Llevar esta actitud contigo en una búsqueda espiritual significa la ruina segura. Por tanto, céntrate en el servicio a los demás. Tus necesidades pueden esperar; atiende primero a los más cercanos y luego a los demás. De forma similar al chakra del corazón, cultiva la bondad y el amor hacia todos y tu iluminación durará para siempre. Paradójicamente, un chakra corona activado conlleva un profundo sentimiento de pesar por el sufrimiento de la humanidad, y el servicio ayuda a aliviar tal pesar.

AFIRMACIÓN DEL CHAKRA CORONA

«CONECTO CON FACILIDAD CON LA FUERZA VITAL UNIVERSAL»

10

CHAKRAS ADICIONALES

MUCHAS DE LAS PERSONAS QUE SE INTERESAN POR los chakras o la respiración energética han oído que hay siete chakras que van desde la base de la columna vertebral a la parte superior de la cabeza. Quizá te sorprenda conocer que muchas tradiciones describen otros muchos chakras, distribuidos por todo el cuerpo. Se dice que algunos están situados entre los siete chakras tradicionales, mientras que otros están repartidos por todo el cuerpo. Investiguemos algunos de esos «otros» chakras más conocidos que podemos utilizar para sentirnos más enraizados, mejorar nuestra práctica curativa y lograr una mayor comprensión de nuestro potencial espiritual.

Un chakra adicional muy popular es el llamado *chakra de la estrella terrenal*, mencionado en varias fuentes contemporáneas y descrito como algo que se encuentra entre unos quince centímetros y como un metro veinte por debajo del cuerpo. Dado que el campo energético humano se extiende en todas direcciones, a nuestro alrededor, también se extiende bajo tierra cuando caminamos.

La gente utiliza el chakra de la estrella terrenal para conectarse profundamente con el centro del planeta, para ayudar a aumentar la sensación de estar enraizado y presente y participar en el trabajo chamánico contemporáneo.

Tal como es abajo, es arriba. Más allá del chakra corona, muchas tradiciones ven chakras adicionales que se extienden por encima del chakra coronario, y el número varía según la tradición, normalmente se dice que son cinco o siete, aunque en algunas tradiciones llega hasta trece. Muchos grupos modernos de la Nueva Era han atribuido cualidades angélicas o arcangélicas a estos chakras adicionales pero, en los sistemas hindú, tibetano y taoísta, se consideran simples extensiones del campo energético humano. Con una práctica yóguica avanzada, los estudiantes que reúnen suficiente energía en el cuerpo, o que han abierto y limpiado sus chakras inferiores, son capaces de experimentar las cualidades de estos chakras adicionales.

Mientras que los chakras sanos y plenamente activados se asocian con la aparición de diversas habilidades psíquicas, cuando se activa el siguiente reino de chakras, situados por encima del cuerpo físico, se cree que se activa un estado aún más sutil de existencia espiritual. La apertura de estos chakras superiores es muy placentera y reconfortante y, aunque se pueden alcanzar habilidades psíquicas avanzadas, y a veces se producen espontáneamente, el desapego espiritual es máximo, por lo que no hay deseo de perseguir estas experiencias. Lo irónico es que muchos buscadores espirituales empiezan esperando alcanzar la dicha espiritual, la iluminación con todos sus poderes de fábula pero, cuanto más nos acercamos a la iluminación, menos nos importan esas cosas.

Cuando se despiertan estos chakras superiores, también se experimenta una sensación inconfundible de estar completamente arraigados, como si hubiéramos llegado al interior de nosotros mismos por primera vez. Las cuestiones que antes nos preocupaban ya no tienen ningún atractivo, y todo parece estar en orden en el mundo, por mucha oscuridad pueda existir a nuestro alrededor. Es más fácil expresar todas las cualidades positivas de los chakras inferiores. Hay una dulzura en la vida que antes no existía y estar al servicio, vivir desde la compasión, es tan natural como respirar. Es, realmente, una de las experiencias más hermosas; la de entregarse con la suficiente hondura al momento presente como para que los chakras superiores florezcan como una jerarquía de flores. Este sentimiento gozoso también forma parte de la ilusión de estar vivo, pero es sumamente dulce mientras dura.

Con el tiempo, incluso estas expresiones de conciencia se desvanecen, a medida que el despertar espiritual se expande hacia un siguiente estadio más tranquilo y tenue. No conozco ninguna práctica para desarrollar los chakras superiores; a medida que los inferiores se abren y se limpian, los superiores comienzan a manifestarse y a abrirse, uno tras otro.

Entre estos conjuntos de chakras superiores e inferiores se encuentran innumerables chakras adicionales, dispersos entre los siete originales. El número, la ubicación, la importancia y las cualidades de estos chakras adicionales varían mucho, incluso dentro de una misma tradición. Por ejemplo, en la filosofía hindú, diferentes gurús a lo largo de los siglos han escrito textos contradictorios sobre los chakras adicionales en el cuerpo. Las cifras oscilan entre unos pocos y cientos de puntos adicionales. Quizá algunos de estos puntos estén relacionados con los de acupuntura de la medicina tradicional china. Los orígenes de los chakras son muy intelectuales y esto puede llevar a perderse en detalles que no se aplican a la persona promedio. Algo en lo que la Nueva Era contemporánea ha contribuido, en cuanto a la comprensión de los chakras, es la forma en que adoptan un enfoque más sencillo y directo de los chakras, al considerarlos haces de energía. Esto ha dado lugar a un enfoque más sincero y emocional de la sanación energética.

Existen chakras menores en las manos y en los pies que son fundamentales en tu experiencia vital. Los chakras de las manos son una prolongación del chakra del corazón, puesto que son una de las partes del cuerpo que más interactúan con el mundo: dan palmaditas en el brazo de alguien para mostrar cariño o puntualizar algo, preparan tu comida y ordenan tu vida, estrechan la mano de un amigo para recalcar un momento emocionante. A través de los chakras de la mano, compartes y aceptas la energía de tu mundo. Puedes sentir los chakras de la mano como pulsaciones, calor u hormigueo cuando están activados. Es una forma de compartir tu amor con el mundo de manera no verbal.

Los chakras de los pies son el vínculo entre tú y la Tierra y tú. Están conectados con el chakra raíz y el chakra de la estrella terrenal, y actúan como interfaz entre el cuerpo físico y la Tierra que lo sustenta. Una forma maravillosa de activar los chakras de los pies es la reflexología. Si trabajas todo el día en un escritorio y quieres sentirte más conectado a la tierra, puedes colocar un discreto masajeador de pies debajo de tu escritorio y estimular los chakras de los pies mientras trabajas, para crear una mayor sensación de equilibrio y armonía.

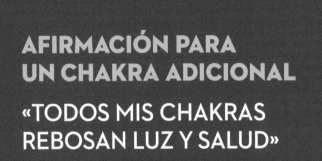

**AFIRMACIÓN PARA
UN CHAKRA ADICIONAL**

**«TODOS MIS CHAKRAS
REBOSAN LUZ Y SALUD»**

QUIZ

PARA OPTIMIZAR TANTO TUS CHAKRAS COMO TU VIDA

Gran parte de tu día cotidiano se encuentra bajo la influencia del funcionamiento saludable de tus chakras. Cuanto más abiertos y dinámicos se encuentren, más fluirán las cosas buenas de la vida. En este capítulo, aprenderás cómo uno o más chakras pueden afectar a varias partes de tu vida y cómo optimizar tus centros energéticos. Responde al cuestionario y comprueba a cuántas preguntas has contestado «sí». A continuación de eso, ve al ejercicio correspondiente para aprender a reequilibrar ese área de tu vida. Puedes consultar este cuestionario una y otra vez en diferentes momentos, para afinar los chakras que se encuentran listos para su optimización.

1. ¿Te sientes sobreexcitado y tenso ante las multitudes, los ruidos fuertes y las luces brillantes?

Si la respuesta es afirmativa, es posible que necesites sellar tu espacio. Consulta el Ejercicio uno de este capítulo para saber cómo hacerlo.

2. ¿Te identificas en exceso con los sentimientos de los demás, hasta el punto de preocuparte con frecuencia por los estados emocionales de ellos en perjuicio de los tuyos?

Si tu respuesta es afirmativa, es posible que necesites desconectar cada noche. Consulta el Ejercicio dos para saber cómo hacerlo.

3. ¿Te sientes confuso y dolorido en la frente, así como irritable y con falta de espacio?

Si tu respuesta es afirmativa, es posible que necesites emborronar tu tercer ojo. Pasa al Ejercicio tres para aprender cómo hacerlo.

4. Cuando hablas en grupo, ¿a menudo la gente no te oye o te dice que hables más alto?

Si la respuesta es afirmativa, es posible que necesites proyectar su verdadera voz. Consulta el Ejercicio cuatro para aprender a hacerlo.

5. ¿Tienes la sensación de estar viviendo la vida como si nada, pero en realidad te encuentras en otro lugar?

Si tu respuesta es afirmativa, es posible que necesites volver a activar tu vitalidad de raíz. Pasa al Ejercicio cinco para aprender cómo.

6. ¿Sufres de pesadillas o, en general, tienes un sueño agitado?

Si tu respuesta es sí, puede que necesites aprender a sellar tu campo aural por la noche a través de la intención y la creación de un espacio sagrado en tu dormitorio. Pasa al Ejercicio seis para aprender cómo.

7. ¿Te cuesta concentrarte en una tarea durante mucho tiempo?

Si la respuesta es afirmativa, pasa al Ejercicio siete para aprender a cultivar una atención fuerte.

8. ¿Chocas con las cosas, tropiezas con tus propios pies y te sientes torpe?

Si tal cosa te ocurre, puedes beneficiarte de una mayor conciencia de tu espacio personal. Pasa al Ejercicio ocho para saber más.

9. ¿Te sientes aislado del mundo que te rodea? ¿Te sientes solo o desconfías con rapidez de la gente?

Si es así, consulta el Ejercicio nueve para aprender una forma sencilla de cultivar la confianza y el amor.

10. ¿Te afectan negativamente las palabras y opiniones de los demás? ¿Te sientes emocionalmente en carne viva por culpa de las experiencias vividas?

Si tu respuesta es afirmativa, aprender a trabajar con tus emociones de forma positiva puede ser beneficioso. Pasa al Ejercicio diez para aprender cómo.

EJERCICIO UNO: SELLA TU ESPACIO

Pregunta: ¿Te sientes sobreexcitado y tenso ante las multitudes, los ruidos fuertes y las luces brillantes?

Si tu respuesta es afirmativa, quizá necesites sellar tu espacio. A veces, tus chakras y tu sistema energético están demasiado abiertos y la vida puede resultarte abrumadora. En el caso de ser muy sensible a las luces brillantes, los ruidos fuertes y las multitudes caóticas, tu chakra coronario es el que está sobreestimulado y demasiado abierto. Puedes recitar el pasaje siguiente cuando notes tales sensaciones. También puedes recitarlo de forma preventiva antes de entrar en una zona ruidosa o abarrotada de gente, como un aeropuerto, un concierto, un centro comercial o un acontecimiento deportivo.

Asimismo, puede ser un ritual útil antes de dormir. A veces estamos muy abiertos, y mientras dormimos necesitamos descansar, y dicha apertura puede distraernos y distorsionarse mientras intentamos procesar nuestras emociones subconscientes a través de los sueños. Puedes decir las siguientes palabras en voz alta o internamente:

«Sello y protejo todos los agujeros de gusano, portales, puertas y aberturas en mis cuerpos físicos y energéticos en todas las dimensiones e interdimensiones y todas las realidades, según sea necesario para mi bienestar más elevado y el bienestar más elevado durante toda la vida y durante todo el tiempo. Soy dueño de mi espacio y solo lo que pertenece a la luz puede entrar. Así sea».

EJERCICIO DOS:
DESCONECTAR CADA NOCHE

Pregunta: ¿Te identificas en exceso con los sentimientos de los demás hasta el punto de preocuparte con frecuencia por los estados emocionales suyos sobre los tuyos?

Si tu respuesta es afirmativa, es posible que necesites desconectar cada noche. Todos somos seres empáticos y tenemos la capacidad de sentir lo que sienten los demás. Algunas personas están muy en sintonía con esta capacidad y otras no.

Algunos somos demasiado empáticos y demasiado sensibles. Tenemos el corazón muy abierto, lo cual es estupendo, pero nuestros límites son difusos y sufrimos por ello. Una forma fácil de mantener esto bajo control y minimizarlo es desconectar cada noche. Esta técnica funciona en todos los chakras, especialmente en el corazón, que es donde más se ponen a prueba nuestros límites empáticos. Cuando utilizamos esta técnica, tenemos el espacio energético para compartir la verdadera compasión y liberarnos de la codependencia.

La técnica es muy sencilla. Al final de cada día limpiarás tu corazón de cualquier conexión innecesaria que esté ocupando tu ancho de banda energético. Simplemente pronuncia las palabras del siguiente pasaje en voz alta cada noche antes de irte a la cama. Puedes decirlas en voz altas o murmurarlas en voz baja si es necesario, y aun así seguirán funcionando de maravilla. Para recordarlo, puedes dejar una nota junto a tu cama, con las siguientes palabras escritas para que te sirvan de recordatorio:

«Desconecto en todas dimensiones, todas las interdimensiones y todas las realidades a las que estoy conectado, y lo hago cuanto necesito, para mi mayor bienestar posible».

EJERCICIO TRES:
EMBORRONA TU TERCER OJO

Pregunta: ¿Te sientes confuso y dolorido en la frente, y también irritable y distraído?

Si tu respuesta es afirmativa, es posible que necesites emborronar tu tercer ojo. A veces el tercer ojo, o chakra del entrecejo, se cubre con una película gris. Es como una ventana que hay que lavar. Puede ocurrir si recientemente has visto en los medios de comunicación sucesos aterradores, deprimentes o violentos. O puede ocurrir si has estado cerca de personas de inferiores vibraciones. También puede suceder debido al consumo de marihuana o por estar cerca de personas que consumen marihuana.

Para despejarlo, puedes emborronarlo con sonido. Asimismo, puedes usar salvia y lavanda para limpiarlo y aliviarlo. Reúne todos los materiales que tengas a mano. Por ejemplo: campanas de yoga o meditación, campanas de viento, gongs de meditación, cuencos tibetanos, sonajeros o instrumentos musicales de sonido ligero. Además, puedes utilizar aceite esencial de lavanda y frotártelo en las sienes y la frente e incluso una varita de salvia, lavanda y/o cedro para crear una bruma, encenderla suavemente y agitarla delante de tu frente y por toda tu aura alrededor de tu cuerpo.

Entonces, siéntate en estado relajado y utiliza los instrumentos que tengas para crear un sonido claro y luminoso, justo ante tu frente. Si no tienes instrumentos a mano, puedes emplear tu propia voz. Canta emitiendo el tono «Om» o «Aum», dando una nota larga, aguda y sostenida durante tanto tiempo como puedas. Mientras lo haces, usa ambas manos y «haz flotar» la energía del sonido frente a tu cara y tu frente. Repite todos los sonidos y asegúrate de salir al aire libre y beber mucha agua.

EJERCICIO CUATRO:
PROYECTA TU VERDADERA VOZ

Pregunta: Cuando hablas en grupo, ¿a menudo la gente no te oye o te pide que hables más alto?

En caso afirmativo, es posible que necesites proyectar su verdadera voz.

A veces, que la gente escuche tu mensaje no depende solo de lo alto que hables. También depende de lo bien que proyectes tu verdadera voz. Imagina la energía de tu mente y de tu corazón saliendo de tu boca. Esa es la esencia energética de hablar y tu chakra de la garganta es el que proyecta ese mensaje alto y claro.

Para que tu mensaje sea claro, tienen que concurrir determinadas circunstancias:

1. Tu mensaje tiene que ser congruente con tus creencias y valores. Esa es la energía del corazón que fluye hacia tu garganta.

2. Tienes que tener confianza en tu mensaje o fingir que la tienes hasta conseguirlo. Esa es la energía de tu voluntad fluyendo desde tu tercer chakra.

3. Tu mente tiene que estar alineada con tu garganta para expresarse. Eso no se refiere a que tengas que saber lo que vas a decir, sino que tu mente ha de estar dispuesta con energía limpia.

Puede parecer una tarea difícil la de tener todo eso en línea. Pero puedes hacer un ejercicio sencillo para tener todos esos elementos alineados y ayudarte así a proyectar tu verdadera voz. Ponte de pie, levanta las manos por encima de la cabeza y estírate. Ahora di en voz alta: «Ahora alineo todos mis chakras para proyectar fácilmente mi verdadera voz y mensaje con resonancia, presencia y autoridad gozosa para mi mayor bienestar. Así sea». Deja caer los brazos, echa los hombros hacia atrás y ¡habla!

EJERCICIO CINCO:
ACTIVA TU VITALIDAD DE RAÍZ

Pregunta: ¿Tienes la sensación de estar pasando a través de lo cotidiano como si en realidad estuvieras en otra parte?

Si la respuesta es afirmativa, es posible que necesites volver a activar tu vitalidad raíz. Cuando no sientes que realmente estás viviendo tu vida, eso puede ser una forma de disociación energética.

Es algo que ocurre cuando una parte de tu ser no está correctamente asentada en tu cuerpo energético y puede suceder por varias razones:

1. A un trauma de algún tipo, aunque sea pequeño, como un ruido fuerte y sorprendente o una discusión triste con un amigo.

2. Al aburrimiento y la apatía. Tu misión es hacer que tu vida te resulte atractiva y tenga sentido, y en encontrar la alegría. Si no lo haces, puedes perder el sentido de la vida.

3. A insatisfacción con tu vida o con la estructura de la sociedad.

Vivimos en un mundo complicado cuya dualidad puede resultar desafiante. Ante los retos, tenemos la obligación de mantenernos positivos y comprometidos lo mejor que podamos. Unas veces será más fácil que otras. Comprometerse a experimentar alegría cada día es lo más saludable que puedes hacer por tu cuerpo, mente y espíritu.

También puedes hacer el siguiente ejercicio para restablecer tu energía corporal, especialmente esa de la raíz donde todo comienza. Plántate con firmeza sobre ambos pies. A continuación, frótate enérgicamente las extremidades y el cuerpo, y repite lo siguiente, una y otra vez: «Estoy aquí. Estoy presente en mi cuerpo. Soy (tu nombre). Soy alegría». Asegúrate de frotarte las piernas y los pies con mucha firmeza durante este proceso y sigue el tiempo necesario hasta sentirte plenamente presente.

EJERCICIO SEIS:
CULTIVAR EL ESPACIO SAGRADO

Pregunta: ¿Tiene pesadillas o, en general, un sueño agitado?

Las experiencias negativas durante el sueño afectan a muchas personas. Desde una perspectiva espiritual, cuando dormimos, nuestros campos energéticos están sueltos, relajados y mucho más abiertos que durante las horas de vigilia. Hay muchas razones para ello, pero lo importante es saber que es posible tener un sueño tranquilo y reparador todas las noches. La clave se encuentra en asentar la intención de permanecer en tu habitación mientras duermes. Somos algo más que nuestro cuerpo y, a veces, quienes tienen un sueño agitado dejan que su cuerpo energético se aleje del cuerpo físico. Esto permite un procesamiento más profundo de nuestras experiencias de vigilia pero, para algunas personas, la experiencia resulta demasiado intensa.

Una forma eficaz de librarse de esta experiencia es doble. En primer lugar, convierte tu dormitorio en un lugar sagrado. Cada noche, cuando te prepares para acostarte, enciende una vela junto a tu cama y di en voz alta: «Amo este espacio. Mi habitación es mi templo. Estoy de lo más relajado y cómodo aquí. Es del todo seguro». Pronunciar las afirmaciones en voz alta entrena a tu cerebro para creerlas. y esta creencia hace que así sea. En realidad, todo el Universo es sagrado; este mantra te ayuda a aceptar, a nivel del alma, que al menos tu habitación es parte de esa sacralidad. Cuando te metes en la cama, apaga la vela y siente agradecimiento por el espacio sagrado que has creado.

En segundo lugar, cuando las luces estén apagadas y empieces a quedarte dormido, coloca una mano sobre el corazón y otra sobre el ombligo. Inhala lenta y profundamente, y visualiza que la luz blanca llena tu torso, al igual que el aire que inhalas. Aguanta la respiración un momento y siente realmente la luz blanca brillando en tu interior. A continuación exhala y deja que tu cuerpo se sienta como un charco de agua: sin forma, completamente relajado y libre. Repítelo hasta que te quedes dormido. Bañarse en luz blanca en un espacio sagrado no solo es muy relajante, sino que también puede ser muy curativo para el cuerpo y el espíritu.

EJERCICIO SIETE:
CULTIVAR LA CONCENTRACIÓN

Pregunta: ¿Te cuesta concentrarte en una tarea durante mucho tiempo?

Normalmente, la falta de concentración está asociada con una mente hiperactiva. Demasiada actividad mental provoca tensión en el cuerpo y dispersa la energía del tercer ojo, y un cuerpo inquieto dificulta la concentración.

Cuando la falta de concentración sea un problema, haz una pausa de cinco minutos en tu trabajo y lleva a cabo una actividad que reduzca la actividad mental. Una simple actividad de respiración en el lugar de trabajo, un paseo relajante al aire libre, escuchar música tranquila... cualquier cosa que te ayude a calmarte es útil. Hacer esto con regularidad ayuda a romper el control de la mente sobre el cuerpo.

El segundo paso consiste en practicar la concentración. Busca un objeto o una imagen sencilla en la que fijarte. Evita utilizar palabras, ya que estimulan la mente. Intenta mirar fijamente el objeto o la imagen durante diez segundos, sin perder la concentración. Qué difícil es esto para la mayoría de la gente. Si puedes mantener la concentración durante treinta minutos sin perderla, eres una persona excepcional. La combinación de romper el control de la mente sobre el cuerpo y entrenar la mente para concentrarse en una cosa cura de la mente dispersa, tan común en la sociedad moderna.

EJERCICIO OCHO:
AUMENTAR LA PRESENCIA

Pregunta: ¿Te tropiezas con las cosas, con tus propios pies y te sientes torpe?

Cuando el cuerpo y el espíritu están desconectados, no estamos plenamente presentes en nuestras vidas. Es muy importante que estés aquí, en esta vida. El mundo te necesita. Así que estate plenamente presente, tanto como puedas, en cada situación. A veces, trabajar con el cuerpo físico también puede ayudar a equilibrar nuestro cuerpo espiritual. Muchas escuelas de artes marciales incorporan esta idea en sus enseñanzas.

Siéntate completamente inmóvil, en una posición cómoda y, por turnos, pásate cada mano por el cuerpo, de la cabeza a los pies. En cada parte del cuerpo, dite a ti mismo: «Esta es mi cabeza. Este es mi pelo. Esta es mi mejilla», y así sucesivamente. Hazlo varias veces a la semana, para conocerte mejor. Energéticamente, esta práctica ayuda a tu espíritu a «aceptar» el estar aquí, en este lugar y en este momento.

Para ir un paso más allá, aumenta la dificultad paseando lentamente por tu casa y realizando el mismo proceso de palpación y reconocimiento. Mientras caminas, por turnos, pásate cada mano por el cuerpo diciéndote, «este es mi hombro. Este es mi codo». También en este caso, practica varias veces por semana para estar plenamente presente en tu vida.

Por último, centra tu atención en el mundo que te rodea. Siempre que puedas, estira la mano y toca todos los objetos que encuentres (¡será mejor que no toques a la gente que te rodea!), identificando cada uno de ellos al tacto; por ejemplo: «Esto es una mesa. Esto es una silla».

Aumentar la presencia es un ejercicio muy físico y mundano que puede darte beneficios muy positivos en tu práctica espiritual.

EJERCICIO NUEVE:
ACEPTAR AMAR

Pregunta: ¿Te sientes aislado del mundo que te rodea? ¿Te sientes solo o desconfías con rapidez de la gente?

No importa lo que te haya ocurrido en el pasado, en el presente tenemos una nueva oportunidad de amar y permanecer abiertos al mundo. Muy a menudo, arrastramos las penas del pasado al presente, creando un futuro que no queremos. El chakra del corazón es el centro de nuestro ser y la puerta de nuestra felicidad. He aquí un ejercicio fácil para cultivar el amor en cada momento de nuestra vida.

Estés donde estés, sientas lo que sientas o hagas lo que hagas, tienes que respirar. Sin respiración no puede haber vida. Los pulmones están muy cerca del chakra del corazón y es fácil conectar físicamente la respiración con el corazón, ya que ocupan un espacio similar.

Aprende a cultivar el amor y a abrir tu chakra del corazón respirando conscientemente a lo largo del día. Cada vez que inhales, imagina que la respiración se llena de luz blanca. A medida que la respiración llena tus pulmones, la luz blanca llena tu corazón.

Con la práctica, cada inhalación puede llenar tu corazón hasta rebosar de amor y alegría, arrastrado por la luz blanca. Cada vez que exhales deja que todo lo demás abandone tu ser: miedo, ira, apego, resentimiento, venganza, preocupación, pérdida, carencia, pasado, errores... cualquiera de esas cosas, que realmente no tienen relación con tu presente. En cualquier situación, positiva o negativa, inhala la luz blanca del amor y exhala todo lo demás. La luz blanca puede poner una sonrisa espontánea en tus labios durante cualquier experiencia vital. Atento, consciente y centrado en el corazón, abre el chakra del corazón, manteniéndote presente en todo momento, y eso nos ayudará a centrarnos en lo positivo que hay en nuestra vida.

EJERCICIO DIEZ:
CULTIVAR LA AUTOESTIMA

Pregunta: ¿Te afectan negativamente las palabras y opiniones de los demás?

Si eres sensible a la energía, puede resultarte difícil no asumir los pensamientos, sentimientos y opiniones de otras personas, que emanan de sus campos energéticos hacia el mundo que les rodea. Las personas sensibles captan tales energías y pueden dejar con facilidad que esas influencias externas pesen más que tus propias creencias. ¿Cómo puedes evitar que algo así ocurra?

Los ejercicios anteriores se han centrado en cultivar la presencia, y el estar presente ante uno mismo nos ayudará a reducir estas influencias no deseadas, pero, en última instancia, ser susceptible a las opiniones de los demás o a la fuerza de voluntad ajena tiene que ver con el segundo chakra. Hay varias formas de fortalecer el segundo chakra. Físicamente, la práctica de yoga llamada *Nakra-Kriya* (Limpieza del Cocodrilo) trabaja cada vértebra, utilizando la respiración controlada para sanar el segundo chakra. Internamente, los mantras diarios son una forma estupenda de reeducar tus creencias personales sobre ti mismo. Cada vez que te sientas afectado negativamente por los demás, dite a ti mismo: «Soy increíble. Sé lo que creo. Me quiero a mí mismo». Cierra los ojos y dite: «No puedo controlar a los demás; solo puedo controlarme a mí mismo, y elijo amarme a mí mismo».

BIBLIOGRAFÍA

Para obtener más información sobre los chakras, te invitamos a explorar todos los maravillosos recursos que se enumeran a continuación. Desde textos antiguos hasta perspectivas modernas sobre el tema, encontrarás una amplia gama de opiniones sobre los chakras, el campo energético humano y la sanación energética.

Avalon, Arthur. *The Serpent Power: The Secrets of Tantric & Shakti Yoga*. Dover: Nueva York, 1974.

Beckman, Howard. *Mantras, Yantras & Fabulous Gems: The Healing Secrets of the Ancient Vedas*. Balaji Publishing Co., 1996.

Chia, Mantak. *Awaken Healing Energy Through the Tao: The Taoist Secret of Circulating Internal Power*. Aurora Press: Santa Fe, 1983.

Dale, Cyndi. *The Subtle Body: An Encyclopedia of Your Energetic Anatomy*. Sounds True, Boulder: 2009.

Feuerstein, Georg. *Tantra: The Path of Ecstasy*. Shambhala: Boston y Londres, 1998.

Goswami, Shyam. *Layayoga: The Definitive Guide to the Chakras and Kundalini*. Inner Traditions: Rochester, 1999.

Judith, Anodea. *Wheels of Life*. Llewellyn: Woodbury, 2015.

Maupin, Kathy C. y Newcomb, Brett. *The Secret Female Hormone: How Testosterone Replacement Therapy Can Change Your Life*. Hay House: Carlsbad, 2014.

Mercree, Amy. *The Spiritual Girl's Guide to Dating: Your Enlightened Path to Love, Sex and Soul Mates*. Adams Media: Avon, 2012.

Mercree, Chad. *The Way of the Psychic Heart: Developing Your Spiritual Gifts in the Everyday World*. Llewellyn: Woodbury, 2014.

Ranganathananda, Swami. *The Message of the Upanishads*. Chowpatty: Mumbai, India, 1971.

Rinpoche, Tenzin Wangyal. *Awakening the Sacred Body*. Nueva York: Hay House, 2011.

Sarno, John E. *Healing Back Pain*. Warner Books: Nueva York, 1991.

Vittii, Alisa. *Woman Code: Perfect Your Cycle, Amplify Your Fertility, Super Charge Your Sex Drive, and Become a Power Source*. Harper One: Nueva York, 2013.

NOTAS FINALES

Capítulo 5

As an endocrine gland it secretes the hormones insulin and glucagon to control blood sugar levels. Clínica Mayo. http://www.mayoclinic.org/diseases-conditions/hypoglycemia/basics/causes/con-20021103

Mind/body remedies to help with both of these include: tai chi, yoga, and Ayurveda (a Hindu system of medicine, which is based on the idea of balance in all bodily systems and proper diet, herbal treatments, and yogic breathing. Chopra Centered Lifestyle. http://www.chopra.com/ccl/a-mind-body-approach-to-diabetes

Capítulo 6

Before puberty your thymus produces lots of thymosin, a hormone that helps your body produce T-cells which play a vital role in immunity for your whole lifetime. Endocrine Web. http://www.endocrineweb.com/endocrinology/overview-thymus

AGRADECIMIENTOS

Los autores desean dar las gracias a Lisa Hagan, por ser una maravillosa agente y una firme defensora de nuestro trabajo. También queremos dar las gracias a Kate Zimmermann, por su valiosa ayuda y por permitirnos compartir este libro con el mundo. Además, damos las gracias a nuestras cariñosas y comprensivas familias, que animan nuestras aventuras literarias. Amy desea agradecer a Laurie Levity Laughing Star su apoyo durante sus primeras exploraciones en el mundo de los chakras.

SOBRE LOS AUTORES

El lema de AMY LEIGH MERCREE es «Vive la alegría. Sé amable. Ama incondicionalmente». Asesora a mujeres y hombres en el subestimado arte del amor propio para crear vidas más felices. Amy es autora, personalidad mediática y *coach* experta en citas, relaciones y bienestar, además de médica intuitiva. Mercree imparte conferencias a nivel internacional centradas en la bondad, la alegría y el bienestar. También es guionista y productora cinematográfica.

Mercree es autora de *The Spiritual Girl's Guide to Dating: Your Enlightened Path to Love, Sex, and Soul Mates* y de *Joyful Living: 101 Ways to Transform Your Spirit and Revitalize Your Life*, de próxima publicación.

En amyleighmercree.com encontrarás artículos, citas ilustradas y concursos. Mercree se está convirtiendo rápidamente en una de las mujeres más citadas de Internet. Descubre de qué va todo esto en su cuenta de Twitter @AmyLeighMercree.

CHAD MERCREE es autor de *The Way of the Psychic Heart* y *A Little Bit of Buddha*, y ha escrito y dado conferencias sobre temas botánicos y metafísicos durante la mayor parte de su vida adulta. Ha estudiado yoga Hatha y Kundalini durante muchos años, y también es estudiante de budismo Dzogchen, una rama del budismo tántrico. Chad imparte talleres por todo Estados Unidos sobre meditación, despertar espiritual y conexión espiritual y científica con el mundo natural que nos rodea. Vive en Naples, Florida.

ÍNDICE TEMÁTICO

H

I

K

L

M